# 深绿：广东惠清高速公路绿色建设管理实践

广东惠清高速公路有限公司　编著

人民交通出版社股份有限公司

北　京

## 内 容 提 要

本书系统总结了广东惠清高速公路绿色公路建设全过程的实践做法，共分7章，内容包括绿色发展概述、绿色发展政策背景、我国绿色公路建设概况、惠清高速公路项目绿色建筑蓝图、绿色建筑技术与管理创新、建设全过程绿色实践和取得的成效等。

本书可供高速公路建设管理、施工技术人员、绿色公路研究人员工作参考，也可供高等院校相关专业师生教学参考。

### 图书在版编目(CIP)数据

深绿：广东惠清高速公路绿色建设管理实践/广东惠清高速公路有限公司编著. — 北京：人民交通出版社股份有限公司，2022.9
ISBN 978-7-114-18184-9

Ⅰ.①深… Ⅱ.①广… Ⅲ.①高速公路—道路施工—无污染技术—研究—广东 Ⅳ.①U415.1

中国版本图书馆 CIP 数据核字(2022)第 161702 号

书　　名：深绿：广东惠清高速公路绿色建设管理实践
著 作 者：广东惠清高速公路有限公司
责任编辑：石　遥　赵晓雪
责任校对：孙国靖　宋佳时
责任印制：刘高彤
出版发行：人民交通出版社股份有限公司
地　　址：(100011)北京市朝阳区安定门外外馆斜街 3 号
网　　址：http://www.ccpcl.com.cn
销售电话：(010)59757973
总 经 销：人民交通出版社股份有限公司发行部
经　　销：各地新华书店
印　　刷：北京市密东印刷有限公司
开　　本：787×1092　1/16
印　　张：12.5
字　　数：260 千
版　　次：2022 年 9 月　第 1 版
印　　次：2022 年 9 月　第 1 次印刷
书　　号：ISBN 978-7-114-18184-9
定　　价：80.00 元

(有印刷、装订质量问题的图书，由本公司负责调换)

# 《深绿:广东惠清高速公路绿色建设管理实践》
## 审定委员会

主 任 委 员：王春生

副主任委员：陈新华　吕大伟

委　　　员：黄　觉　方　智　崔宏涛　李　勇　王玉文
　　　　　　赵震宇　张　坚　罗夫凡　向　超

## 编写委员会

主　　　编：吕大伟　王振龙

副 主 编：王玉文　路　为　何湘峰

编　　　委：赵　明　古伟展　李仕玲　尹仕健　危春根
　　　　　　黄飞新　刘韶新　何湘峰　万友元　石定开
　　　　　　周秋明　黄晓明　华开成　李启荣　李品营
　　　　　　张昆阳　李忠健　于　伟　李　涌　刘佳宝
　　　　　　严阿贝　张东河　胡秀军　黄锐斌　陈争春
　　　　　　张树国　赵　宁　谢兼量　赖俊辉　周长营
　　　　　　李在靖　杨洪焦　郑云青　杨力峰　薄继民

# FOREWORD 序言

党的十八大以来,以习近平同志为核心的党中央把生态文明建设摆在全局工作的突出位置,全面加强生态文明建设,一体治理山水林田湖草沙,开展了一系列根本性、开创性、长远性工作,决心之大、力度之大、成效之大前所未有,生态文明建设从认识到实践都发生了历史性、转折性、全局性的变化。习近平总书记指出:"人的命脉在田,田的命脉在水,水的命脉在山,山的命脉在土,土的命脉在林和草,这个生命共同体是人类生存发展的物质基础。"

18世纪60年代以来,工业化进程创造了前所未有的物质财富,也带来了触目惊心的生态破坏,产生了难以弥补的生态创伤,气候变化、酸雨蔓延、大气污染、生物多样性锐减等问题时刻威胁着人类的生存环境,杀鸡取卵、竭泽而渔的发展方式走到了尽头。面对日益严峻的生态环境问题,人类是一荣俱荣、一损俱损的命运共同体。只有同舟共济、齐心协力,共同修复生态环境的累累伤痕,共同营造和谐宜居的生态环境,共同保护不可替代的地球家园,才能实现人与自然的和谐共生,让全球生态文明之路行稳致远。

绿色公路建设作为生命共同体的一种重要实现方式,是落实国家绿色发展理念以及推进绿色交通发展的一项重要举措,是推进公路交通转型升级、实现持续健康发展的迫切需要,是生态文明战略和绿色发展理念落地交通行业最重要的支撑。近年来,交通建设行业不断完善绿色公路相关法规标准和政策制度体系,切实强化新技术、新材料、新工艺、新产品研发与应用,大力推进绿色公路建设,着力开展绿色公路主题性试点和典型示范工程,已逐步探索出了具有中国特色的绿色公路创建模式,对指导我国绿色公路建设及促进公路绿色转型升级等具有十分重要的现实意义。

广东惠清高速公路(本书简称惠清高速公路)属广东省"十三五"重点建设项目,是联系广东省东西两翼经济文化的重要纽带,也是珠三角生活圈再次提速发展的经济大动脉,对完善广东省高速公路网,促进广东省东、西部区域经济社会协调发展,增强广州、惠州、清远三市之间的经济文化交往,推动粤港澳大湾区综合立体交通建设具有重要意义。惠清高速公路起于惠州市龙门县龙华镇,途经广州市从化区,终于清远市清新区太和镇,全长125.28km,双向六车道。

在"创新、协调、绿色、开放、共享"新发展理念的引领下,惠清高速公路作为广东省"十三五"唯一的部级绿色公路示范创建项目,全寿命周期践行绿色建筑、绿色运营建设管理理念。惠清高速公路通过管理和制度创新,提升项目专业化管理水平,保证绿色公路相关要求有效落实执行;通过技术攻关和集成创新,推动绿色建筑技术装备发展及与交通建设行业深度融合,降低碳排放;通过设计、施工、安全标准化创新研究,提升本质安全水平;通过强化管理技术、设施设备、资源集约利用、环境保护与修复、设计与施工安全标准化,推动绿色可持续发展;通过强化绿色理论培训,建设高素质专业化管理干部队伍,培育了一批优秀的产业工人。

惠清人以品质工程建设为目标、以建设绿色公路为子目标、以五大发展理念为引领,不忘初心、牢记使命,以"四力"(初心使命原动力、创新实干驱动力、团队建设保障力、党员示范引领力)驱动,秉持"生态引领、低碳集约、智慧创新、景观和谐、服务共享"的理念,围绕统筹资源与节约利用、低碳环保与生态保护、安全耐久与绿色施工、智慧创新与服务共享、标准规范与制度管理五大方面全面推进绿色公路建设。

在项目筹建阶段,惠清人以项目的客观条件为基础、以目标和问题为导向,确定了品质工程建设的总目标,并细化分解形成了16个子目标,全过程贯彻新发展理念;结合惠清高速公路建设实际,提出了八大建设管理理念;应用系统工程方法,编制形成了惠清项目建设管理大纲,并结合绿色公路、质量、安全生产、设计、科研、环保、水保等业务领域分解编制了12个专项策划方案，用于指导包括绿色公路建设在内的品质工程建设。

在项目实施阶段，惠清人坚持创新要素驱动，将科技、绿色的基因融入项目建设全过程，攻关关键技术、应用"四新"技术、探索绿色技术，以"绿色公路"创建为核心，结合"品质工程试点""科技示范工程"的建设要求，建立起交通科技成果转化应用和产、学、研相结合的交通科技创新体系，累计开展科研项目攻关14项，引进、消化、吸收、应用35项绿色技术，开展150余项微创新；落实动态设计、生态选线理念，共计避让生态敏感区10处；落实共建、共治、共享理念，实施317km施工便道与地方道路建设相结合，实现20处临时用电与永久用电相结合；节约临时用地约2000亩，通过优化设计方案，减少占用高标准农田约150亩，节约资源占用，实现社会效益、经济效益最大化；前期征地拆迁阶段，移栽珍贵原木2116株，收集可利用耕植土11.6万 $m^3$ 用于耕地占补平衡改造和绿化、美化工程建设。

习近平总书记讲"初心易得，始终难守"，惠清人2000余天如一日的坚守，使惠清高速公路在绿色公路建设过程中取得巨大成效，建设目标基本实现，获得了全省乃至全行业的高度认可。

"十四五"时期，我们又将迎来一个怎样的绿色时代？这是一个值得全行业认真思考的问题。习近平总书记在中央财经委员会第九次会议上发表重要讲话强调，实现碳达峰、碳中和是一场广泛而深刻的经济社会系统性变革，要把碳达峰、碳中和纳入生态文明建设整体布局，拿出抓铁有痕的劲头，如期实现2030年前碳达峰、2060年前碳中和的目标。这显示了我国积极履行国际承诺、落实碳达峰碳中和目标的坚定决心，也预示着交通行业必将进一步发掘和践行"绿色理念"。从政策措施方面，会从稳步提高绿色设计水平、全面推进绿色公路发展、推进可再生资源循环利用、大力发展装配式桥梁、推广应用绿色施工技术、推广应用"四新"技术等多方面进行推动落实；从技术体系方面，绿色动态设计、标准化体系、产业化手段、新能源技术等诸多绿色公路技术在越来越多的项目中得以实践应用；从思想认识方面，政府、管理方、设计方、监理方、施工方甚至普通从业者均有充分认识，绿色发展已经成为公路发展的重要战略之一,越来越多的企业正着手进行"绿色"转型,从而全面推动绿色发展逐步从"浅绿"走向"深绿"。

本书由广东惠清高速公路有限公司、交通运输部公路科学研究院、北京新桥技术发展有限公司组织编著,较为系统地总结了惠清高速公路绿色公路建设全过程的实践做法,探讨了绿色高速公路建设的内涵外延,分析了绿色公路发展的内涵与特征,梳理了我国绿色公路的发展历程与现状,提出了对高速公路绿色建设的认识与思考,阐述了惠清高速公路建设项目具体的管理实践内容,为绿色公路建设发展提供了"惠清方案"。希望惠清高速公路绿色建设管理实践为交通行业探索绿色发展提供经验参考,同时希望更多交通人通过不断思考、探索和实践,为我国绿色公路建设可持续发展做出贡献。

本书是对惠清高速公路绿色建设管理实践的总结,难免有不足之处,请同行批评指正。

作　者<br>
2022 年 3 月

# CONTENTS 目录

## 第1章 绿色发展概述 … 1

1.1 绿色发展的概念与定义 … 1
1.2 绿色发展的国际背景 … 2
1.3 绿色发展的国内背景 … 3
1.4 绿色发展的趋势 … 3

## 第2章 绿色发展政策背景 … 5

2.1 党的十八大关于绿色发展的相关要求 … 5
2.2 党的十九大关于绿色发展的相关要求 … 6
2.3 国家关于绿色发展的相关政策 … 7

## 第3章 我国绿色公路建设概况 … 10

3.1 绿色公路建设理念 … 10
3.2 绿色公路建设现状 … 12
3.3 绿色公路建设存在的问题 … 14

## 第4章　惠清高速公路项目绿色建筑蓝图　15

　　4.1　惠清高速公路项目工程概况 15
　　4.2　惠清高速公路项目建设绿色公路的初心 15
　　4.3　惠清高速公路项目建设绿色公路的使命 16
　　4.4　惠清高速公路项目绿色公路建设理念 19
　　4.5　惠清高速公路项目绿色公路建设规划 22

## 第5章　惠清高速公路项目绿色建筑技术与管理创新　24

　　5.1　科技攻关及科研成果应用 24
　　5.2　安全生产专项科技攻关 135
　　5.3　管理创新 144

## 第6章　惠清高速公路项目建设全过程绿色实践　147

　　6.1　工程可行性研究、工程预可行性研究阶段 147
　　6.2　初步设计阶段 147
　　6.3　施工图设计阶段 149
　　6.4　招标阶段 149
　　6.5　施工准备阶段 150
　　6.6　施工阶段 151

## 第7章　惠清高速公路项目绿色建筑取得的成效　181

　　7.1　绿色发展在公路建设中的生动体现 181
　　7.2　在广东省乃至全国切实发挥示范作用 182
　　7.3　管理创新与标准化彰显绿色效益 183
　　7.4　引领绿色公路实践，展现隽美画卷 186

# 第 1 章 绿色发展概述

## 1.1 绿色发展的概念与定义

绿色是大自然中最普遍的颜色,代表生命以及生命的状态;绿色代表健康;绿色代表环保,是人类赖以生存的颜色;绿色代表和平,是雅典圣火中橄榄枝的颜色;绿色代表希望,是对未来憧憬的颜色,是万物复苏的颜色;绿色代表安全,红绿灯中绿色的闪烁意味着可以安全通行。

绿色发展是联合国开发计划署(UNDP)在 2002 年提出的,其本质就是强调经济发展与生态环境保护的统一,是一种可持续的发展模式。在《中国科学发展报告 2010》中,绿色发展被定义为"生态健康、经济绿化、社会公平、人民幸福"四者的有机统一。

清华大学国情研究院研究认为,绿色发展是经济、社会、生态三位一体的新型发展道路,以合理消费、低消耗、低排放、生态资本不断增加为主要特征,以绿色创新为基本途径,以积累绿色财富和增加人类绿色福利为根本目标,以实现人与人之间和谐、人与自然之间和谐为根本宗旨的发展观。

绿色发展是区别于传统发展的、在考虑资源环境约束下的、以可持续发展为目标的新的发展模式。绿色发展主要考虑以下两个要点:一是以经济和环境的统筹发展、可持续发展为目标;二是将环境因素纳入经济社会发展系统中来考虑。

交通行业绿色发展的概念包括狭义和广义两个层面。

狭义概念范围:设计方案最优,建设过程坚持资源节约、取之于路用之于路、尽可能少占用农用地尤其是高标准农田、尽可能减少对地表的破坏、尽可能减少对植被的破坏、尽可能减少水土流失和占用,"两区三厂"永临结合、临时用电永久用电结合、便道与地方道路结合,地表耕植土保护再利用、占林补林、占地补地、节约土地、原木移植、取弃土场的科学规划,地质灾害预防、施工过程项目专家组建立和运作、快速决策快速应急处置等,都属于绿色发展。

广义概念范围:科学和合理决策方案及建设规模、全寿命周期成本最低,新材料、新技术、新设备、新工艺等"四新"技术应用,云计算、大数据、物联网、移动互联网、人工智能、区块链等信息化智能化技术应用,安全设计、安全施工、安全运营、低碳运营,新技术新装备使用实现减员降本增效、提高劳动效率、降低劳动强度、风能太阳能等新能源使用,隧道洞渣综合利用开发技术应用,机电节能技术应用,高质量高效推进结算和竣工验收工作,"两区三厂"退场后的复垦复绿工作,品质工程建设降低周期维护成本,利用价值工程方法全过程进行决策,安全管理创新、进度管理创新、质量管理创新、共建共治共享、因地制宜建设、绿化恢复本地化、原生态植物群落恢复等,均是绿色发展实践。

总之,工程安全、耐久、最大限度保护、最小限度影响、最强力度恢复都属于绿色发展。绿色发展的概念从狭义和广义可以涵盖工程建设的全过程。

## 1.2 绿色发展的国际背景

工业革命以来,传统经济发展模式引发的环境问题逐渐引起各国的关注。20世纪60年代蕾切尔·卡逊创作的《寂静的春天》使得人们第一次意识到环境问题的严重性,各国政府开始将环境保护问题纳入经济发展中来考虑,各环保组织纷纷成立。1966年,美国人鲍尔丁提出了著名的"宇宙飞船经济理论",强调地球和飞船一样,拥有的资源有限,人类经济靠消耗资源运转最终会走向毁灭。为了实现永续发展,就要实现资源循环利用,减少废弃物排放。在20世纪60~70年代,人们对环境问题的关注主要集中在治理上。

20世纪80年代,可持续发展概念被提出。世界环境与发展委员会发表了《我们共同的未来》报告,提出了可持续发展的定义:"既满足当代人的需求,又不对后代人满足其需要的能力构成危害的发展。"可持续发展概念的提出,使人类的发展理念实现了从传统发展向可持续发展的转变和从单纯的环境保护理念向工业发展方式的反思。

20世纪末至21世纪初,工业革命以来石化能源的长期使用,导致全球气候变暖问题凸显,受生态问题、环境污染等危机的影响,绿色经济、绿色发展、绿色新政等概念相继提出,并受到世界各国的广泛关注。20世纪90年代联合国环境与发展大会通过的《里约热内卢环境与发展宣言》明确了发达国家和发展中国家在处理全球环境问题方面"共同但有区别的责任",1997年又通过了《京都议定书》。在此背景下,产生了"低碳经济"的概念。2008年底,联合国环境规划署提出了旨在应对全球金融危机和气候变化的"绿色经济"和"绿色新政"的倡议。

## 1.3 绿色发展的国内背景

对于中国而言,改革开放以来,经济的高速发展引发了一系列的环境问题。20世纪80年代是我国绿色化进程的起步阶段。在这一时期,环境保护被确立为我国的一项基本国策。同时,国家相继出台了一系列有关环保的法律和政策法规。

20世纪90年代,受国际可持续发展思想的影响,我国进入实施可持续发展战略阶段。1994年,中国颁布了《中国21世纪议程》,正式提出了可持续发展思想。1996年,在"九五"计划中我国首次明确指出,可持续发展战略是我国的一项基本发展战略,将其定为我国经济社会发展的一个指导方针。在可持续发展战略的指导下,我国经济开始实现从粗放型向集约型方式转变。

21世纪以来,我国进入以科学发展观为指导的阶段。2003年,我国提出科学发展观,强调以人为本,追求全面协调的可持续发展。2005年,我国提出建设"资源节约型、环境友好型"社会。2012年,党的十八大报告中将生态文明建设提升到国家战略高度,将其正式纳入"五位一体"总布局。在2017年召开的党的十九大中,习近平总书记提出了建设"美丽中国"的概念。在具体行动上,我国政府相继提出了循环经济、节能减排、低碳经济、绿色经济等经济发展方式。

## 1.4 绿色发展的趋势

从可持续发展到科学发展再到绿色发展,体现了中国人发展理念的创新,甚至也可以说是对世界发展理念的贡献。

《中共中央关于制定国民经济和社会发展第十三个五年规划的建议》提出:

坚持绿色发展,着力改善生态环境。

坚持绿色富国、绿色惠民,为人民提供更多优质生态产品,推动形成绿色发展方式和生活方式,协同推进人民富裕、国家富强、中国美丽。

促进人与自然和谐共生。有度有序利用自然,调整优化空间结构,划定农业空间和生态空间保护红线,构建科学合理的城市化格局、农业发展格局、生态安全格局、自然岸线格局。设立统一规范的国家生态文明试验区。

根据资源环境承载力调节城市规模,依托山水地貌优化城市形态和功能,实行绿色规划、设计、施工标准。

支持绿色清洁生产，推进传统制造业绿色改造，推动建立绿色低碳循环发展产业体系，鼓励企业工艺技术装备更新改造。发展绿色金融，设立绿色发展基金。

加强资源环境国情和生态价值观教育，培养公民环境意识，推动全社会形成绿色消费自觉。

2021年3月15日，习近平总书记主持召开中央财经委员会第九次会议。

会议强调，我国力争2030年前实现碳达峰，2060年前实现碳中和，是党中央经过深思熟虑作出的重大战略决策，事关中华民族永续发展和构建人类命运共同体。要坚定不移贯彻新发展理念，坚持系统观念，处理好发展和减排、整体和局部、短期和中长期的关系，以经济社会发展全面绿色转型为引领，以能源绿色低碳发展为关键，加快形成节约资源和保护环境的产业结构、生产方式、生活方式、空间格局，坚定不移走生态优先、绿色低碳的高质量发展道路。要坚持全国统筹，强化顶层设计，发挥制度优势，压实各方责任，根据各地实际分类施策。要把节约能源资源放在首位，实行全面节约战略，倡导简约适度、绿色低碳生活方式。要坚持政府和市场两手发力，强化科技和制度创新，深化能源和相关领域改革，形成有效的激励约束机制。要加强国际交流合作，有效统筹国内国际能源资源。要加强风险识别和管控，处理好减污降碳和能源安全、产业链供应链安全、粮食安全、群众正常生活的关系。

会议指出，"十四五"是碳达峰的关键期、窗口期，要重点做好以下几项工作。要构建清洁低碳安全高效的能源体系，控制化石能源总量，着力提高利用效能，实施可再生能源替代行动，深化电力体制改革，构建以新能源为主体的新型电力系统。要实施重点行业领域减污降碳行动，工业领域要推进绿色制造，建筑领域要提升节能标准，交通领域要加快形成绿色低碳运输方式。要推动绿色低碳技术实现重大突破，抓紧部署低碳前沿技术研究，加快推广应用减污降碳技术，建立完善绿色低碳技术评估、交易体系和科技创新服务平台。要完善绿色低碳政策和市场体系，完善能源"双控"制度，完善有利于绿色低碳发展的财税、价格、金融、土地、政府采购等政策，加快推进碳排放权交易，积极发展绿色金融。要倡导绿色低碳生活，反对奢侈浪费，鼓励绿色出行，营造绿色低碳生活新时尚。要提升生态碳汇能力，强化国土空间规划和用途管控，有效发挥森林、草原、湿地、海洋、土壤、冻土的固碳作用，提升生态系统碳汇增量。要加强应对气候变化国际合作，推进国际规则标准制定，建设绿色丝绸之路。

# 第 2 章
# 绿色发展政策背景

## 2.1 党的十八大关于绿色发展的相关要求

党的十八大提出：

建设生态文明，是关系人民福祉、关乎民族未来的长远大计。面对资源约束趋紧、环境污染严重、生态系统退化的严峻形势，必须树立尊重自然、顺应自然、保护自然的生态文明理念，把生态文明建设放在突出地位，融入经济建设、政治建设、文化建设、社会建设各方面和全过程，努力建设美丽中国，实现中华民族永续发展。

坚持节约资源和保护环境的基本国策，坚持节约优先、保护优先、自然恢复为主的方针，着力推进绿色发展、循环发展、低碳发展，形成节约资源和保护环境的空间格局、产业结构、生产方式、生活方式，从源头上扭转生态环境恶化趋势，为人民创造良好生产生活环境，为全球生态安全作出贡献。

优化国土空间开发格局。国土是生态文明建设的空间载体，必须珍惜每一寸国土。要按照人口资源环境相均衡、经济社会生态效益相统一的原则，控制开发强度，调整空间结构，促进生产空间集约高效、生活空间宜居适度、生态空间山清水秀，给自然留下更多修复空间，给农业留下更多良田，给子孙后代留下天蓝、地绿、水净的美好家园。加快实施主体功能区战略，推动各地区严格按照主体功能定位发展，构建科学合理的城市化格局、农业发展格局、生态安全格局。提高海洋资源开发能力，发展海洋经济，保护海洋生态环境，坚决维护国家海洋权益，建设海洋强国。

全面促进资源节约。节约资源是保护生态环境的根本之策。要节约集约利用资源，推动资源利用方式根本转变，加强全过程节约管理，大幅降低能源、水、土地消耗强度，提高利用效率和效益。推动能源生产和消费革命，控制能源消费总量，加强节能降耗，支持节能低碳产业和新能源、可再生能源发展,确保国家能源安全。加强水源地保护和用水总量管理,推进水循环利用,建设节水型社会。严守耕地保护红线,严格土地用途管制。加强矿产资源勘查、保护、合理开发。发展循环经济,促进生产、流通、消费过程的减量化、再利用、资源化。

加大自然生态系统和环境保护力度。良好生态环境是人和社会持续发展的根本基础。要实施重大生态修复工程,增强生态产品生产能力,推进荒漠化、石漠化、水土流失综合治理,扩大森林、湖泊、湿地面积,保护生物多样性。加快水利建设,增强城乡防洪抗旱排涝能力。加强防灾减灾体系建设,提高气象、地质、地震灾害防御能力。坚持预防为主、综合治理,以解决损害群众健康突出环境问题为重点,强化水、大气、土壤等污染防治。坚持共同但有区别的责任原则、公平原则、各自能力原则,同国际社会一道积极应对全球气候变化。

加强生态文明制度建设。保护生态环境必须依靠制度。要把资源消耗、环境损害、生态效益纳入经济社会发展评价体系,建立体现生态文明要求的目标体系、考核办法、奖惩机制。建立国土空间开发保护制度,完善最严格的耕地保护制度、水资源管理制度、环境保护制度。深化资源性产品价格和税费改革,建立反映市场供求和资源稀缺程度、体现生态价值和代际补偿的资源有偿使用制度和生态补偿制度。积极开展节能量、碳排放权、排污权、水权交易试点。加强环境监管,健全生态环境保护责任追究制度和环境损害赔偿制度。加强生态文明宣传教育,增强全民节约意识、环保意识、生态意识,形成合理消费的社会风尚,营造爱护生态环境的良好风气。

## 2.2 党的十九大关于绿色发展的相关要求

党的十九大提出:

坚持人与自然和谐共生。建设生态文明是中华民族永续发展的千年大计。必须树立和践行绿水青山就是金山银山的理念,坚持节约资源和保护环境的基本国策,像对待生命一样对待生态环境,统筹山水林田湖草系统治理,实行最严格的生态环境保护制度,形成绿色发展方式和生活方式,坚定走生产发展、生活富裕、生态良好的文明发展道路,建设美丽中国,为人民创造良好生产生活环境,为全球生态安全作出贡献。

人与自然是生命共同体,人类必须尊重自然、顺应自然、保护自然。人类只有遵循自然规律才能有效防止在开发利用自然上走弯路,人类对大自然的伤害最终会伤及人类自身,这是无法抗拒的规律。

我们要建设的现代化是人与自然和谐共生的现代化,既要创造更多物质财富和精神财富以满足人民日益增长的美好生活需要,也要提供更多优质生态产品以满足人民日益增长的优美生态环境需要。必须坚持节约优先、保护优先、自然恢复为主的方针,形成节约资源和保护环境的空间格局、产业结构、生产方式、生活方式,还自然以宁静、和谐、美丽。

推进绿色发展。加快建立绿色生产和消费的法律制度和政策导向,建立健全绿色低碳循环发展的经济体系。构建市场导向的绿色技术创新体系,发展绿色金融,壮大节能环保产业、清洁生产产业、清洁能源产业。推进能源生产和消费革命,构建清洁低碳、安全高效的能源体系。推进资源全面节约和循环利用,实施国家节水行动,降低能耗、物耗,实现生产系统和生活系统循环链接。倡导简约适度、绿色低碳的生活方式,反对奢侈浪费和不合理消费,开展创建节约型机关、绿色家庭、绿色学校、绿色社区和绿色出行等行动。

着力解决突出环境问题。坚持全民共治、源头防治,持续实施大气污染防治行动,打赢蓝天保卫战。加快水污染防治,实施流域环境和近岸海域综合治理。强化土壤污染管控和修复,加强农业面源污染防治,开展农村人居环境整治行动。加强固体废弃物和垃圾处置。提高污染排放标准,强化排污者责任,健全环保信用评价、信息强制性披露、严惩重罚等制度。构建政府为主导、企业为主体、社会组织和公众共同参与的环境治理体系。积极参与全球环境治理,落实减排承诺。

加大生态系统保护力度。实施重要生态系统保护和修复重大工程,优化生态安全屏障体系,构建生态廊道和生物多样性保护网络,提升生态系统质量和稳定性。完成生态保护红线、永久基本农田、城镇开发边界三条控制线划定工作。开展国土绿化行动,推进荒漠化、石漠化、水土流失综合治理,强化湿地保护和恢复,加强地质灾害防治。完善天然林保护制度,扩大退耕还林还草。严格保护耕地,扩大轮作休耕试点,健全耕地草原森林河流湖泊休养生息制度,建立市场化、多元化生态补偿机制。

改革生态环境监管体制。加强对生态文明建设的总体设计和组织领导,设立国有自然资源资产管理和自然生态监管机构,完善生态环境管理制度,统一行使全民所有自然资源资产所有者职责,统一行使所有国土空间用途管制和生态保护修复职责,统一行使监管城乡各类污染排放和行政执法职责。构建国土空间开发保护制度,完善主体功能区配套政策,建立以国家公园为主体的自然保护地体系。坚决制止和惩处破坏生态环境行为。

## 2.3 国家关于绿色发展的相关政策

国家对绿色发展已经制定了相关的政策及实施意见:

2013年1月1日,国务院办公厅以国办发〔2013〕1号转发国家发展改革委、住房城乡建设部制订的《绿色建筑行动方案》。

2014年10月14日,国务院批复的第一个国家绿色发展示范区实施方案,即《中国—新加坡天津生态城建设国家绿色发展示范区实施方案》发布。

2017年2月3日,国务院印发《"十三五"现代综合交通运输体系发展规划》,明确提出了"创新驱动、安全绿色"作为基本原则之一和"到2020年,基本建成安全、便捷、高效、绿色的现代综合交通运输体系"的基本目标,要求促进交通运输绿色发展,推动节能低碳发展,强化生态保护和污染防治,推进资源集约节约利用。

2017年9月30日,中共中央办公厅、国务院办公厅印发《关于创新体制机制推进农业绿色发展的意见》。

2019年1月23日,中央全面深化改革委员会第六次会议审议通过了《关于构建市场导向的绿色技术创新体系的指导意见》。

2019年11月19日,经国务院批复,国家发展改革委对外发布《长三角生态绿色一体化发展示范区总体方案》。

2020年3月3日,中共中央办公厅、国务院办公厅印发《关于构建现代环境治理体系的指导意见》,明确提出健全环境治理企业责任体系,要求"推进生产服务绿色化。从源头防治污染,优化原料投入,依法依规淘汰落后生产工艺技术。积极践行绿色生产方式,大力开展技术创新,加大清洁生产推行力度,加强全过程管理,减少污染物排放。提供资源节约、环境友好的产品和服务。落实生产者责任延伸制度。"

交通运输行业落实新发展理念制定了相关的实施政策和意见:

2016年7月25日,交通运输部发布《关于实施绿色公路建设的指导意见》。《指导意见》指出,绿色公路建设坚持可持续发展、统筹协调、创新驱动、因地制宜的原则,明确到"十三五"末绿色公路建设理念深入人心,全国建成一批绿色公路示范工程,形成一套可复制、可推广的经验。同时,针对公路建设实际,开展绿色公路示范工程建设,推出"零弃方、少借方""实施改扩建工程绿色升级""积极应用建筑信息模型(BIM)新技术""推进绿色服务区建设""拓展公路旅游功能"等五个专项行动,以行动促转型,以行动促落实。

2017年8月4日,交通运输部发布《推进长江经济带绿色航运发展的指导意见》。

2017年11月27日,交通运输部印发《关于全面深入推进绿色交通发展的意见》,明确提出了绿色交通发展的一系列目标。《意见》要求,各部门各单位要着力实施运输结构优化工程、运输组织创新工程、绿色出行促进工程、交通运输资源集约工程、高效清洁运输装备升级工程、交通运输污染防治工程、交通基础设施生态保护工程"七大工程",加快构建绿色发展制度标准体系、科技创新体系和监督管理体系"三大体系",实现绿色交通由被动适应向先行引领、由试点带动向全面推进、由政府推动向全民共治的转变,推动形成绿色发展方式和生活方式,为建设美丽中国、增进民生福祉提供坚实支撑和有力保障。

2019年12月,交通运输部发布《绿色公路建设技术指南》,该指南系在现行技术标准和规范的基础上,总结吸收国内绿色公路建设工程案例和技术措施以及相关研究成果编写而成,涵盖公路设计和施工阶段,聚焦绿色公路建设的理念思路、建设内容、技术应用和方法措施等,重点提供技术指引和经验借鉴,以期启发创作,指导绿色公路设计和施工。该指南适用于新建公路和既有公路升级改造,主要为公路建设、设计、施工、管理等人员提供参考,惠清高速公路项目参与其中并负责绿色施工篇部分相关内容。

2020年5月1日,交通运输部发布了《公路工程节能规范》(JTG/T 2340—2020),作为公路工程行业推荐性标准开始实施。《规范》首次系统提出了公路领域全面的节能要求,涵盖设计、施工、养护、运营各个环节,对于公路领域落实绿色发展理念、提高资源利用水平、推动公路交通高质量发展具有重要意义。

2020年5月15日,交通运输部发布《绿色港口等级评价指南》。

2020年7月23日,交通运输部、国家发展改革委印发《绿色出行创建行动方案》。

# 第3章 我国绿色公路建设概况

## 3.1 绿色公路建设理念

党的十八大以来一直强调把生态文明建设放在突出地位,提出"推进绿色发展、循环发展、低碳发展"和"建设美丽中国"。公路交通运输作为国民经济和社会发展的大动脉,同时又是国家节能减排和应对气候变化的重点领域之一,是生态文明建设不可或缺的重要一环。为提升公路交通运输行业应对气候变化的能力和可持续发展水平,建设美丽中国,交通运输行业亟须发展"绿色公路"。

交通运输部颁发的《绿色公路建设技术指南》提出"绿色公路是以优化路网功能、控制资源占用、减少能源消耗、降低污染物排放、保护生态环境、推进绿色发展为核心,以理念创新、技术创新、管理创新和制度创新为驱动的新型发展理念。"其中重点体现在7个方面。

### 3.1.1 不破坏就是最大保护的理念

自然界具有调节、生产、信息和载体等多重功能,是包括人类在内的一切生物的摇篮,自然界不但支撑着人类物质生活,也丰富和充实着人类精神生活。因此,在公路建设过程中,一定要尊重自然规律,建立和维护人与自然相对平衡的关系,倍加爱护和保护自然,要树立"不破坏就是最大的保护"的理念,坚持最大限度地保护、最低程度地破坏、最强力度地恢复,使工程建设顺应自然、融入自然;要把设计作为改善环境的促进因素,摒弃先破坏、后恢复的陋习,实现环境保护与公路建设并举,使公路发展与自然环境相和谐。公路建设要尽可能保护生态,尽可能避免切割自然界势的走向和延续,把握"不破坏就是最大的保护"原则,保持自然景观的完整性,降低公路建设对原始地形、地貌的自然性和稳定性的影响,减少对原生生态环境的破坏。

## 3.1.2 全寿命周期成本理念

树立全寿命周期成本理念,就是要从项目生命周期的全过程去看待成本,把公路放到环境和社会的大系统中去考察其成本,不但应注重项目初期建设成本,还要注重后期维修和养护成本,不但应看到项目自身成本,还要看到社会成本和环境成本。

遵循"建管养一体化"设计理念,注重建设质量和工程耐久性,针对高等级道路强调延长使用寿命,低等级路面强调当地材料利用,以达到最佳的技术经济效益。统筹公路规划、设计、施工、运营、管理、服务全过程和资源、能源、生态、环境等各方面,将公路运营、维护、使用需求纳入工程设计与建设综合考虑;突出"建、管、养、运并重",从源头上指导工程建设选择合适的工艺、材料和技术。

## 3.1.3 集约节约利用资源理念

资源是人类生存发展的物质基础,也是可持续发展的重要保证。我国人均资源相对贫乏,随着人口的增加和经济的发展,我国人均资源占有量少这一状况还将进一步加剧,人均资源相对不足的矛盾将更加突出。可持续发展的核心和前提是发展,公路交通发展是社会可持续发展的重要内容,也是国民经济和社会发展的重要支撑,在公路建设中要坚持可持续发展、建立节约型社会,就是要正确处理好节约资源和公路发展的关系,从全局、长远来考虑问题,应该更加合理和有效地利用资源。坚持"循环利用就是最大的节约"原则,提高资源能源利用效率,减少资源能源消耗总量和废物产生量,推进循环再生利用。以更少的资源占用,获得更多的功能、更多的服务、更美的风景、更多的资产是绿色公路所应追求的。

## 3.1.4 灵活设计理念

在充分掌握现有技术标准、规范的基础上,确保安全与功能的同时,通过合理选用技术标准,灵活运用技术指标,最大限度维护公路与沿线自然、人文环境的协调。标准规范中的指标有主次之分:主要指标,是指对安全、功能有重大影响的指标,如最小圆曲线半径、最大纵坡、视距等;次要指标,是指在满足安全的前提下,主要影响美学或舒适性的指标,如曲线间直线长度等。主要指标在设计中原则上应予以保证,对于次要指标,当对环境不构成影响时,可采用较高值,而对环境存在影响时,应采用较低值,当对环境和生态影响巨大时,为了保护环境,可突破使用。

### 3.1.5　灵活动态设计理念

公路设计过程不但是赋予公路功能的过程,也是赋予公路个性的"艺术创作"过程。公路创作设计过程是一个以设计人员对环境个性的理解为基础,以对公路专业、美学、生态学、建筑学、社会学、人类文化学、历史学、心理学、地域学和风俗学等学科的综合能力为条件,对公路所处的自然和环境进行的一个再造(新建)或再融合(改扩建)的过程。

树立设计创作的理念,变设计工作为设计创作,把设计产品变为设计作品,以"更安全、更环保、更经济"为目标,在"精、细、美"上多下功夫。要加强总体设计工作,充分考虑地区之间、不同地理条件之间的发展差别和不同情况,坚持针对工程项目所处的自然、地理、地质条件的特点,尊重每一个区域的特殊性和差异性,在满足安全性、功能性的条件下,通过对工程方案和技术经济进行比选,科学确定技术标准,合理运用技术指标。

### 3.1.6　宽容性设计理念

树立"以人为本、预防、容错、纠错"的宽容性设计理念,系统提高公路行车安全。采用运行速度设计降低相邻路段容许速度差,达到线形的连续均衡,并按照运行速度设置合理的曲线要素、超高等,全面提高线形安全性;通过设置合理的路侧净空,如采用低路堤、宽平台、缓边坡等提高道路安全性;设置宽容性的路侧结构物,如路边振动带、护栏、缓冲垫、可解体消能的标志杆柱等,为侵入路侧车辆提供安全保护。

### 3.1.7　传承绿色文化理念

绿色文化是绿色发展的价值选择,绿色文化包含了对人与自然关系的认识、生态伦理道德思想和可持续发展智慧等内容,实践绿色发展理念离不开绿色文化的积极作用。当前中国面临的人口众多、资源相对匮乏、生态环境承载力弱等现实问题,想要从根本上消除生态环境问题带来的威胁,需要树立和传承尊重自然、保护自然的绿色文化理念。绿色公路的实践需要绿色文化作为先导,同时也是在交通运输行业传承绿色文化的载体,把以人为本的理念作为绿色公路建设的出发点和立足点,充分考虑公路使用者的多样化需求,满足人民美好生活的新要求。

## 3.2　绿色公路建设现状

截至 2021 年底,我国公路总里程达 528.07 万公里,公路密度 55.01 公里/百平方公里,其中高速公路里程16.91万公里。我们已经建成世界规模最大的公路网,公路货运量及货物周转量均居世界第一。我国公路等级不断提高,服务水平不断加强,正在由交通大国向交通强国奋力转变。

交通运输行业绿色公路示范工程、品质工程试点、科技示范工程创建方兴未艾。其中绿色公路建设目标的提出是顺应历史发展潮流,贯彻生态文明战略,践行"创新、协调、绿色、开放、共享"五大发展理念,助力"美丽中国"建设,推动交通运输行业转型升级的一项重要活动载体。

2003年,以公路与自然环境相协调的示范公路四川省川九(川主寺至九寨沟)公路开始建设。

2004年,在全国公路勘察设计工作会议上,在总结提炼川九公路建设的成功经验的基础上,交通运输部提出了"六个坚持、六个树立"的公路勘察设计新理念(即坚持以人为本、树立安全至上的理念;坚持人与自然相和谐、树立尊重自然、保护环境的理念;坚持可持续发展、树立节约资源的理念;坚持质量第一、树立让公众满意的理念;坚持合理选用技术指标、树立设计创作的理念;坚持系统论的思想、树立全寿命周期成本的理念),之后涌现出一批诸如云南思小(思茅至小勐养)高速公路、宁杭(南京至杭州)高速公路、宝鸡至天水高速公路甘肃段、苏通长江大桥、杭州湾跨海大桥等典型工程。

2011年开始,交通运输部陆续组织开展3批累计30个绿色循环低碳公路主题性试点项目。如宁宣(南京至宣城)绿色低碳循环公路,围绕项目的规划、设计、建设、施工、养护、运营与管理等环节,创新应用了30余项节能减排新材料、新技术、新工艺,取得了显著的节能减排效果,节能3万吨标煤,减排二氧化碳6.2万吨,形成了一系列标准化指南,建设了交通运输部"绿色循环低碳公路科普展示馆"。

2014年,交通运输部发布了《创建绿色公路实施方案》和《绿色循环低碳公路考核评价指标体系(试行)》,积极开展绿色公路主题性项目创建。

2016年,交通运输部发布《关于实施绿色公路建设的指导意见》,绿色公路理念正式被提出,并开始实施第一批绿色公路典型示范工程。

2017年,交通运输部相继启动了第二批、第三批绿色公路建设典型示范工程。

2019年,交通运输部在北京举办了新时期绿色公路建设研讨会,并着手编制出版《绿色公路建设技术指南》。

截至2021年底,交通运输部已公布并正在实施的绿色公路建设示范项目共计33个,以广东省为代表的各省级交通运输主管部门也陆续开展了省级绿色公路示范工程实施,探索绿色公路建设经验,总结建设成果,形成示范效应。

## 3.3 绿色公路建设存在的问题

迄今为止，我国在绿色公路建设方面已经开展了相当数量的相关研究与应用工作，但仍然存在不少问题，主要表现在：

一是节能降耗、材料循环利用、环境保护等各项相关工作分头开展，缺少统筹协调。

二是相关行业政策的系统约束力不顺畅不协调，应强化绿色公路建设制度建设，实施绿色公路建设绩效评价制度，建立重点公路工程建设项目初步设计绿色公路落实情况技术审查及交工验收绿色公路建设绩效评价制度。

三是部门之间协调力度不够，在新材料新技术研发与应用方面缺少财政、税收等相关配套政策的强有力支撑。

四是技术储备相对较弱，对相关高新技术还有待持续深入研发。

五是绿色公路建设顶层设计不完善，应从制度建设、实施专项行动、典型示范引领、完善技术咨询机制等方面对绿色公路建设的重点工作进行统筹规划，从技术层面规范和指导重点公路工程建设项目开展绿色公路建设。

六是缺少全过程专业技术咨询指导，应鼓励建设单位按规定选择行业内外绿色公路建设专业技术咨询单位开展绿色公路专项调查、实施方案编制、过程咨询、科技攻关与成果推广应用等绿色公路建设专项技术咨询活动。

# 第 4 章
# 惠清高速公路项目绿色建筑蓝图

## 4.1 惠清高速公路项目工程概况

汕(头)湛(江)高速公路惠州至清远段(本书简称"惠清高速公路项目")位于广东省中部地区,是广东省高速公路网规划的"二横"线——汕湛高速公路的重要组成部分,属省重点建设项目,是交通运输部绿色公路典型示范工程、交通运输部科技示范工程和广东省交通科技示范工程。惠清高速公路项目路线全长125.277km,批复概算207.92亿元。项目于2017年3月全线开工建设,于2020年10月18日建成通车。主线采用双向六车道设计标准,整体式路基宽度33.5m,设计时速100km。

惠清高速公路项目具有以下特点和难点。

(1)区域生态环境敏感,环保难度大:沿线跨越10处生态环境敏感点;

(2)区域水文、地质复杂,技术难度大:滑坡、崩塌、软基等不良地质分布广泛,沿线多地下溶洞、暗河、突水突泥等地质灾害;

(3)涉路涉铁施工交叉点多,安全管控任务重、风险高:横穿既有的5条高速公路、2条铁路、数十条地方道路;

(4)山岭重丘区,桥隧比高,施工组织困难:主线桥梁104座、隧道16座、桥隧比48.8%;

(5)沿线经济发达,土地资源附加值高:土地供需矛盾突出,选线定线、征地拆迁难度极大。

## 4.2 惠清高速公路项目建设绿色公路的初心

惠清高速公路项目的建设者在项目伊始,就不断思考"什么是绿色公路"这个问题,关于绿色公路，特别是绿色高速公路，行业内还未形成统一明确的定义。有学者提出，绿色公路是"以保证生态系统的良性循环为基本原则，以生态学的规律为指导，在公路设计、建设和运营阶段尽量减少对景观的破坏和对环境的污染，尽量保护自然生态系统，形成人、车、路及景观协调、生态优良的公路交通系统"。有学者将绿色公路定义为"在满足基本功能前提下，环境优美的一类公路的统称"。随着对绿色理念的理解不断深入，绿色公路的重点逐渐向低碳环保方向扩展。如有学者（2010年）指出，绿色公路"是在低碳理念的指导下，以碳平衡为基本原则，综合运用各种绿色技术与环保措施，在公路决策、设计、施工、运营、管理整个生命周期里都能达到经济效益和环境效益可持续发展"等。

惠清高速公路项目的建设实践说明，绿色公路不能局限在传统环保范畴，仅对公路沿线进行生态恢复和绿化美化，即我们常说的"表面绿"，而应按照《交通运输部办公厅关于实施绿色公路建设的指导意见》（交办公路〔2016〕93号）和《绿色公路建设技术指南》中所提出的"绿色公路是在原有绿色公路内涵基础上的继续、拓展和延伸……"，以全寿命周期建设理论为指导，实现公路在规划、设计、施工、养护、运营、管理等全寿命周期的统筹兼顾，以最小的代价获得支撑可持续发展的最大收益，实现人、车、路的和谐统一及社会效益、环境效益和经济效益的最佳配置，真正体现以"内在绿"为手段、"外在绿"为表现的"内外兼绿"绿色公路。

## 4.3 惠清高速公路项目建设绿色公路的使命

惠清高速公路项目的建设者认为，衡量是否为绿色公路，或者是否达到绿色公路的建设要求，需要满足"1-2-3-4-5"的基本建设要求，即：一个中心，两大转变，三个协调，四大任务，五个亮点。

**一个中心**——就是绿色公路建设必须坚持并服务于全寿命周期成本这一中心，以发展的眼光来客观评价和衡量整体工作成效。

**两大转变**——绿色公路从内在管理和外在要求的角度均要体现不同于以往的公路建设的两个转变。

（1）内在管理将以往单纯的甲乙双方合同以经济约束为主向综合考量成本、进度、质量、安全、环保、文化等多方面约束转变。

（2）外在要求从过分注重公路质量安全指标、经济技术指标的评价考核方法向统筹整个生命周期环境和社会综合效益的多参数评价考核转变。

**三个协调**——作为一项系统工程，绿色公路建设要做到三个协调。

（1）以绿色发展理念协调行业内规划、勘察、设计、施工、运营、养护、服务等整个项目全过程,达到技术上无缝衔接,管理上各司其职。

(2)不能仅仅局限于公路行业,要综合协调不同行业、不同行政区划间的壁垒,以天下为公的胸怀,下好祖国公路一盘棋。

(3)公路作为为社会提供出行服务和货物运输服务的一项基础设施,要协调建设者的主动作为和使用者的出行体验对绿色公路的差异化需求,最大限度寻求公路、环境、社会对资源的消耗和利用以及人、车、路等方面对生态环境索取和回报之间的巧妙平衡与协调。

**四大任务**——按照相关文件要求,惠清绿色公路建设概括起来有以下四个方面的主要任务。

(1)重视源头管理,做好前期工作开篇布局。充分重视前期工作在绿色公路建设过程中的引导作用,绿色的理念和思想首先要落实在前期工作和设计招标工作中,这是绿色公路建设的先决条件。

以惠清高速公路项目为例,工程可行性研究阶段将绿色公路理念着重列入前期工作手册,明确分工,责任到人,抓重点、克难点。因沿线涉及10个环境敏感点,采用"分段核准、同期建成"的专题论证工作方法,通过及早稳定线位、选定优质评估单位、倒排计划、严格审查报告、责任到人、例会报告制度、重点突破、专人跟踪等8大措施有预见性地开展前期立项工作,仅用2个月完成一期立项工作,提前3个月完成二期立项工作,节约了建设周期,充分体现了绿色发展的新理念,并积累了较为丰富的经验。

在设计阶段,认真贯彻执行全寿命周期、灵活设计、创作设计、宽容性设计、标准化以及绿色人文等设计新理念,成功运用了价值工程(VE)、"6S"等管理方法,将全寿命周期成本(LCC)控制融入设计图纸,通过图纸设计标准化、生态选线、规避环境敏感点、少占高标准农田、设计线路优化比选(约120余线)、合理土石方调配、永临结合等一系列措施,有效控制建设周期成本,减少环境破坏,累计节约投资成本约8亿元。

在招标阶段,将绿色公路建设要求以合同形式进行法律约束、明确责权利。

在招标过程中,完善招标机制,将《绿色文明施工及"6S"管理办法》等9个文件作为招标文件的附件,融入招标文件和设计图纸。明确投标人必须满足专用条款中规定的条件,作为以后履约检查的依据;完善招标文件,细化招标文件中的处罚内容,加大处罚力度;参建各方形成合力,共同创建绿色公路。

(2)加强环境保护,注重路域生态自然和谐。绿色公路是可持续发展的低碳环保公路。环境友好涉及的对象包括大气、水、声、生态等环境因素。修建公路不可避免地要对原有生态系统产生影响,包括减少耕地面积、改变水系结构以及减损原生植被等。尊重自然、保护自然、恢复自然是绿色公路建设的重要目标。绿色公路应具有良好的环境协调性,加强生态保护、注重自然和谐是绿色公路建设的核心要义。因此,绿色公路建设要坚持生态优先、和谐发展的指导方针,强化设计、施工、运营、养护等各阶段的生态环境保护,实现最大限度地保护、最低程度地影响、最有力度地恢复,实现公路与生态、社会的健康可持续发展。

(3)突出周期成本,强化建设管理养护并重。全寿命周期成本思想是在产品生命周期内尽量降低资源消耗,提高产品效能。该思想落实在公路行业就是要把公路产品作为一个整体、一个系统去考虑,把系统全过程的最优作为整体的最优目标来实现。长期以来,我国公路建设普遍存在重建轻养的问题,公路设计、施工、养护、管理各阶段缺乏统筹协调。绿色公路建设要坚持全寿命周期思想,统筹公路规划、设计、施工、运营、管理、服务全过程和资源、能源、生态、环境等各方面,将公路运营、维护、使用需求纳入工程设计与建设综合考虑,从全寿命周期系统审视工程方案,强调建造方案与养护管理工作的统筹协调,考虑通行效率提升和运行安全性提高带来的社会成本,科学合理地评估全寿命周期成本和效益,运用价值工程的方法优化决策,实现资源使用的最大化。突出"建、管、养、用"并重,从源头上指导工程建设选择合适的工艺、材料和技术,降低全寿命周期成本和全过程环境影响。

(4)实施创新驱动,实现资源利用科学高效。创新是公路发展的强大驱动力,要把创新贯穿到绿色公路建设的各个环节,大力推进理念创新、技术创新、管理创新和制度创新,推广应用新技术、新材料、新工艺、新设备,强化创新在绿色公路建设中的驱动与支撑作用,为其发展注入强大动力。新时期,信息技术的快速发展及人民群众出行需求的不断提升,为公路建设者提出了更多、更高的要求。面对这些新形势与新要求,绿色公路建设应顺应时代潮流,将互联网、大数据、云计算等技术广泛应用于公路交通基础设施、运输服务、支持保障和管理等领域,大力发展新业态、新模式,实现管理效能、服务载体和服务水平的全面提升,支撑多元化的交通出行需求。

绿色公路是资源及能源节约型的公路。绿色公路发展中资源节约的对象是能源、土地、水、材料等主要资源。绿色公路应体现对自然资源,尤其是稀缺资源的减量利用、有效利用和循环利用,重点解决长期以来我国公路建设普遍存在的资源统筹利用不足、循环利用率较低、能源耗用较高等问题。当前,绿色公路建设要以统筹资源利用、集约节约资源、降低能源耗用为重点,从规划设计、施工组织及运营维护等多个方面进行统筹考虑,在整个公路建设过程中融入节约资源、降低能耗的绿色理念。

**五个亮点**——依托惠清高速公路项目,重点打造绿色公路建设五大亮点。

(1)坚持生态选线,打造路景相融、和谐友好的生态旅游之路。

(2)倡导永临结合,以良锦公路为试点,走可持续发展之路。

(3)突出智慧管理,顺应信息化发展潮流,把握交通建设前瞻趋势。

(4)打造绿色隧道,创建南昆山隧道典型示范工程。

(5)注重路面耐久,落实高质量发展,成为交通强国的生动实践。

## 4.4 惠清高速公路项目绿色公路建设理念

绿色公路建设需要从经济、环境和社会综合系统的尺度出发,具有"三高"(高效能、高效率、高效益)、"三低"(低消耗、低排放、低污染)和"三全"(全寿命、全要素、全方位)特征。绿色公路建设是在新的历史条件下树立建设标杆的过程,是内在修为和外在表现的完美结合,其中前者主要体现在工程布局符合生态空间等管控要求,工程建设运营最大限度地节约资源能源、降低碳和污染排放、维系生态系统功能等方面;后者则要求做好路域景观的营造和提升,使得公路建设与周边景观相融合,真正体现人与自然的和谐共生,服务地方发展和群众出行。

综上可知,生态是"绿色"的首要品质,理应引领"绿色公路"的建设运营;资源能源消耗是公路绿色发展面临的重要瓶颈之一,节约低碳则是"绿色公路"建设运营必须坚守的根本原则;景观和谐是"绿色公路"的直观外在体现,而服务共享则是"绿色公路"建设运营的必备功能;在当前条件下,智慧创新无疑是实现景观和谐、生态优先、低碳集约最重要的手段。由此,惠清高速公路项目绿色公路建设将坚持"生态引领""低碳集约""智慧创新""服务共享""景观和谐"的理念,如图4-1所示。

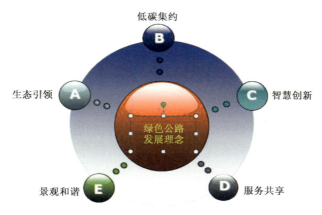

图4-1 绿色公路建设理念

### 4.4.1 生态引领

"生态引领"要求保障生态效益的优先地位,以资源环境承载力为基础来规划工程建设方案;以节约资源、提高能效、控制排放和保护环境为目标,推动工程建设的集约内涵式发展。具体而言,"生态引领"要求坚持"最小的破坏就是最大的保护"原则,即崇尚自然理念,主要体现在公路全寿命周期的生态保护方面。在设计过程中,要求充分调查路线沿线各种有价值的自然和人文资源,优化合理布置的线位和辅助工程布局。在施工中,要合理安排计划,使公路与生态敏感区域和资源和谐共处,互为依存;要采用科学的施工方法,多采用环保型施工工艺、工法和新材料;运营中要对公路导致的生态破坏区进行针对性的修复。

就惠清高速公路项目而言,贯彻"生态优先"理念就是要开展科学生态选线,保护区域必要的生态空间和物种环境;要全面推进"高陡边坡及隧道无痕迹修复技术"相关技术应用,解决边坡和隧道洞口的开挖对原生态环境造成的破坏,给自然界留下永久性伤疤的问题;采用桥面径流收集处置、浅碟式植草边沟、生态边沟等技术,防止石油类等污染物对生态环境的破坏;全线实行表土资源与珍贵树种保护和利用技术,可减少水土流失并避免对沿线土地资源造成破坏,减少绿化费用;在隧道和桥梁施工中采用"绿色"施工技术,例如旋挖钻机施工、隧道水幕降尘等技术,控污减尘,提高施工质量。

### 4.4.2 低碳集约

理论上讲,低碳交通是一种以"高能效、低能耗、低污染、低排放"为特征的交通运输发展方式,其核心在于提高交通运输能源效率,改善交通运输用能结构,优化交通运输发展方式;其目的在于使交通基础设施和公共运输系统减少以传统化石能源为代表的高碳能源的高强度消耗。集约是相对粗放而言的,是通过经营要素重组实现以最小的成本获得最大回报。具体而言,低碳集约要求坚持"循环利用就是最大的节约"原则,以社会经济和资源、环境可持续发展为最终目标,从资源能源开采、生产和生活消耗出发,提高资源能源利用效率,减少资源能源消耗总量和废物产生量,推进废弃物循环再生利用,构建"资源—产品—再生资源"的循环利用系统,做到"循环利用就是最大的节约"。

针对惠清高速公路项目,坚持低碳集约和统筹规划需要重点关注优化选线、高效利用土地资源;合理调配土石方;注重机制砂和隧道弃渣等资源的循环利用;采用温拌沥青路面,节能环保;应用隧道智能通风和照明技术,节能减排。

### 4.4.3 智慧创新

"智慧交通"要求以重大科技突破牵引交通运输的转型升级,提高资产使用效能,提升运输服务品质,主要表现在技术创新、自动化和信息化水平提高等方面。创新是指以现有思维模式提出有别于常规或常人思路的见解,是以新思维、新发明和新描述为特征的一种概化过程。创新是引领发展的动力,智慧则是创新之后的一种高水平状态,两者存在一定程度的因果关系。显然,"绿色公路"就是一种公路建设理念上的创新,是公路建设的一种新的发展方式和发展状态。而智慧则是绿色公路的一个必备特征,是提升公路建设品质和发展状态的重要手段。

惠清高速公路项目推进工程智慧创新,重点针对建设运营面临的主要环境问题,开展技术攻关与信息化建设。BIM(建筑信息模型)技术在施工中的应用、施工过程视频监控以及治超不停车系统的应用,都需要采用新理念、新技术,将信息化建设融入智慧创新来解决和突破。

在惠清高速公路项目施工建设过程中,还成功运用了一批技术含量高、耐久性好、施工方便的新工艺,例如:振动拌和水稳碎石抗裂技术、GTM(旋转压实剪切)法设计的沥青混合料技术、钢-UHPC装配式轻型组合梁桥技术及隧道低碱湿喷混凝土技术,都融合了现代施工工艺的新思路,既提高了施工质量,又安全环保,具有较大的推广应用价值。

### 4.4.4　服务共享

高速公路建设应坚持"以人为本"原则,绿色公路最重要的特点就是提高人的舒适性和安全性,最大限度地保障安全舒适驾驶;建立科学高效的管理体系,确保各项环保措施及时到位;开发必要的监测服务平台,为政府决策和公众出行提供支撑。

惠清高速公路项目工程投资规模大、施工难度高、建设周期长、项目参与方众多、管理协调复杂,对工程建设期的职业健康、安全、生态、环保管理需求非常迫切,亟须对工程建设全过程引入完善的管理体系。项目结合工程实际情况,引入"双标"管理理念,进一步细化建设管理要求,以提升整体施工管理水平,更有效地消除工程质量通病,全面提升管理水平。

服务区是展示公路服务功能最重要的平台,需统筹个性化建筑设计、人性化设施配置、智能化系统开发、低碳化能源利用、海绵化场地建设,进行绿色服务区专项打造。此外,"互联网+智慧出行服务"的开发和运用将进一步改善高速公路出行服务,提高服务质量和客户满意度。

### 4.4.5　景观和谐

公路与沿线的自然环境融为一体是绿色公路建设最直接的外在体现,不仅需要从交通的角度思考,还要从交通、生态和风景旅游等多个维度综合定位,统筹考虑交通动脉、生态绿脉和旅游景脉三项特色,构建区域综合效益轴线。

惠清高速公路项目交通价值突出,路域环境敏感,沿线景观资源丰富,周边地域特色鲜明,应在工程设施与生态环境交融界线中集中运用生态修复技术,在景观设计上进行无痕处理。根据沿线空间环境、景观特点划分形成不同区段,根据各段环境和植被规律等选用与环境色彩体系、生态系统相协调的适宜植被物种;开展边坡、互通区、隧道洞口等重点工程景观打造,实现全面融入区域自然景观的目标。

## 4.5 惠清高速公路项目绿色公路建设规划

惠清高速公路项目以贯彻新发展理念为引领,以创建平安百年品质工程为总目标,结合项目实际,将品质工程总目标细化分解为 16 项建设子目标,确立了 8 项建设管理理念,前瞻性、系统性编制了 12 项专项建设管理策划方案。以"科技引领、创新管理、绿色建筑、铸造精品"为总体建设理念,描绘出一幅绿色公路建设蓝图,如图 4-2 所示。

图 4-2　惠清高速公路项目绿色公路建设蓝图

**8 项建设管理理念:**

(1)全面安全、质量管理理念;

(2)全寿命周期成本控制理念;

(3)价值工程理念;

(4)最大程度保护、最小限度破坏、最强力度恢复的环保理念;

(5)科技成果示范应用和先进工艺工法集成应用建设理念;

(6)绿色高速公路建设理念;

(7)智慧高速公路建设理念;

(8)廉政工程建设理念。

**16 项建设子目标:**

(1)质量精品目标;

(2)争创交通运输部"平安工程""平安工地";

(3)按时完成分阶段节点和总体建设任务的进度控制目标;

(4)合理造价控制目标;

(5)"金册奖"档案管理目标;

(6)"最大限度保护、最小限度破坏、最强力度恢复"的原生态环境保护目标;

(7)争创优秀设计成果奖的示范性工程设计目标;

(8)资源节约低碳环保绿色建设目标;

(9)和谐工程建设目标;

(10)阳光廉政工程建设目标;

(11)优秀管理团队、技术团队建设目标;

(12)科技创新、智慧高速公路的创建目标;

(13)全寿命周期成本(LCC)的项目成本经济效益目标;

(14)创新性、实用性,与自然、人文环境相融合的绿色附属配套设施建设目标;

(15)南昆山隧道施工争创"鲁班奖";

(16)争创"詹天佑奖"。

# 第 5 章
# 惠清高速公路项目绿色建筑技术与管理创新

## 5.1 科技攻关及科研成果应用

### 5.1.1 绿色公路评估指标体系构建

惠清高速公路项目是连接广东省东西两翼和珠三角北部的横向快速通道,也是一条重要的旅游产业大道和景观通道,沿线区域旅游、生态资源丰富,分布有南昆山旅游区、从化新温泉森林公园、清远笔架山等几十个风景名胜区、自然保护区、生态严控区和森林公园,涉及十几个环境敏感区,环境保护要求高。

惠清高速公路项目以自身建设为依托,联合交通运输部公路科学研究院开展了华南山区绿色公路建设技术体系构建和评估标准研究课题。该课题的开展及研究成果,对实现惠清高速公路项目绿色公路创建,对推动广东、华南地区乃至全国提升公路建设理念,对针对性指导绿色公路建设及促进公路建设转型升级等具有十分重要的现实意义。同时,将推动《广东省绿色公路建设技术指南(试行)》深入实施和进一步完善,并为行业相关规范标准的后续修订提供了数据积累和技术支撑。

绿色公路是在可持续发展的基础上,以创新、协调、绿色、开放、共享为指导,在公路的全寿命周期内,最大限度地实现资源节约(节地、节水及节材)、环境保护、节能减排,为驾乘人员带来安全、畅通、舒适、美观的服务,是与自然和谐共生的公路。

基于公路全寿命周期,在规划设计、建设施工和运营养护三阶段实施绿色发展技术措施和管理研究的基础上,结合惠清高速公路项目及华南地区其他绿色公路建设成果,构建了华南山区绿色公路三阶段评估指标体系。该体系对整个华南山区绿色公路的建设具有实际指导和推动作用,使绿色公路各阶段发展更加有据可依。同时,在三阶段整合的基础上可对整个绿色公路进行最终绿色评价。

#### 5.1.1.1 绿色公路评估指标体系的要求

1）系统完整性

将公路工程全寿命周期作为一个整体系统，每一阶段都置身于环境系统之中，不是孤立存在的，所选指标不仅要反映公路系统的特征，而且还要体现公路工程与整个环境系统之间的内在联系和相互作用。公路是一个巨大的系统，它又由许多小系统组成，两者之间相互影响相互制约，因此在构建指标体系时，要系统性考虑。

2）科学合理性

公路工程全寿命周期选取的指标要有理论基础，并能够在数量和质量方面及时间和空间方面体现公路工程建设"四节一环保一提升"（节能、节地、节水、节材和环境保护、服务提升）的定义和内容，其评估指标体系的选择应科学合理。

3）适用代表性

绿色公路全寿命周期指标很多，但是不可能全部选取。应选取有代表性的指标，代表性表现在这些指标都代表了绿色公路指标的特征，适合构建绿色公路评估指标体系。此外，所选取的指标应简明易懂、可操作性较强，即指标定义要明确，所需要的基础资料比较可靠且容易取得。

4）客观实在性

绿色公路全寿命周期指标基于工程全寿命周期管理的需要，反映了工程全寿命周期质量安全、成本最优、节能和环境保护等各方面的状态，是社会进步和经济发展的微观体现，与绿色公路工程专业系统密切联系，所以绿色公路工程全寿命周期指标应客观反映工程实体的全貌。

5）可操作性

所选取的指标应具有可测性和可比性，同一指标应具有一致的计算方法，所选取的指标信息容易获取，或在常规数据基础上可简单推算所得，指标计算要具有可操作性。

#### 5.1.1.2 绿色公路评估指标体系构建原则

1）一、二级指标体系构建原则

（1）根据《关于实施绿色公路建设的指导意见》提出的绿色公路全寿命周期统筹协调发展原则和公路工程阶段性本质特点，将绿色公路划分为绿色规划设计、绿色施工及绿色运营养护3个一级目标层，各阶段相互独立又有机统一。

（2）根据《关于实施绿色公路建设的指导意见》提出的"建设以质量优良为前提，以资源节约、生态环保、节能高效、服务提升为主要特征的绿色公路"的指导思想,结合多年绿色建筑的发展经验,将"绿色设计""绿色施工""绿色养护"3个一级目标层划分为"四节一环保一提升",即"节地与土地资源利用管理""节能与能源利用管理""节水与水资源利用管理""节材与材料资源利用管理""环境保护管理""服务提升"6个二级准则层。其中,"节地与土地资源利用管理""节水与水资源利用管理""节材与材料资源利用管理"体现资源集约节约的主要特征,"节能与能源利用管理"体现节能高效的主要特征,"环境保护管理"体现生态环境保护、污染防治的主要特征,"服务提升"体现新时代与时俱进的发展特征。

2)三、四级指标构建方法

绿色公路是在可持续发展理念的指导下,在公路的全寿命周期内,最大限度地节约资源(节地、节能、节水、节材)、保护环境和减少污染,为驾乘人员带来畅通、舒适、安全的服务,是与自然和谐共生的公路。因此,绿色公路是集人类、自然和环境为一体的一个复合体。绿色公路是具有线形特征的工程,纵向跨度大,蜿蜒盘旋于自然界之中,是人类为了满足生产生活需要,促进社会经济发展,与自然和谐发展的产物。绿色公路与人类、自然界之间相互作用、相互影响,构成了一个特定的系统。

在绿色公路规划设计、建设施工、运营养护的各个阶段,人类非理性行为的产生使该系统内部各组织机制发生变化,从而逐渐对自然界产生环境压力,即绿色公路PSR(压力-状态-响应)模型中的"压力"。在"压力"的不断作用下,绿色公路系统中各子系统和各组成因素部分或整体发生变化,如公路建设占用土地量、居民出行与安全状况、水资源、大气、噪声污染程度等,主要表现为模型中的"状态"。为了使绿色公路能够与自然和谐、可持续发展,建设行政主管部门往往会出台一些政策、法规来控制系统所产生的负面效应,改变系统的状态,对绿色公路产生的压力进行"响应"。与此同时,各要素和子系统的"响应"又会作用到绿色公路的"压力"和"状态"上,使绿色公路的"压力"和"状态"发生变化,产生新一轮的"响应",从而使得绿色公路系统能够不断地可持续发展。绿色公路评价的PSR模型如图5-1所示。

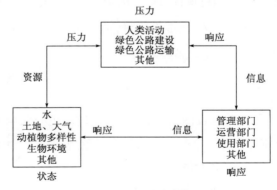

图5-1 绿色公路PSR(压力-状态-响应)模型

#### 5.1.1.3 绿色公路评估指标体系的建立

惠清高速公路项目建设遵循《绿色交通设施评估技术要求 第1部分：绿色公路》（JT/T 1199.1—2018）中全寿命周期绿色建设的指导精神，将绿色公路评估体系划分为绿色设计评估指标体系、绿色施工评估指标体系和绿色养护评估指标体系三部分。三阶段评估体系相辅相成，既可单独评估公路每一阶段，又可汇总综合评估整个绿色公路建设，从而对绿色公路全寿命周期进行设计、施工、养护指导，全面提升绿色公路建设水平。

其中，绿色设计评估指标系统包括绿色规划、节地与土地资源利用、节水与水资源利用、节材与材料资源利用、节能与能源利用、环境保护及服务提升等7个二级指标。绿色施工评估指标系统包括节地与土地资源利用、节水与水资源利用、节材与材料资源利用、节能与能源利用、环境保护及服务提升等6个二级指标；绿色养护评估指标系统包括节地与土地资源利用、节水与水资源利用、节材与材料资源利用、节能与能源利用、环境保护及服务提升等6个二级指标。全寿命周期绿色公路评估指标组成如图5-2所示。

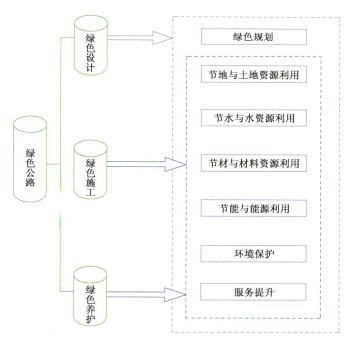

图5-2 全寿命周期绿色公路评估指标组成

1）绿色公路评估指标

为更好地指导绿色公路分阶段实施建设，绿色公路体系构建攻关课题遵循两条创新主线进行研究：

（1）全方位绿色公路建设：针对惠清高速公路项目建设施工各方面开展"四节一环保一提

升"研究,既继承以往的绿色施工精髓,又面向未来提升服务。

(2)全寿命绿色公路建设:根据公路阶段性建设特点,把公路建设划分"绿色设计+绿色施工+绿色养护"三阶段打造,更具实际操作性和指导意义。

结合行业政策、绿色公路建设典型示范工程成功经验、"四新技术"和多年的公路建设咨询经验,对图5-2绿色公路评估指标组成进行分解或整合,形成全寿命周期指标体系,由3项一级指标,19项二级指标,108项三级指标及300余项评分要点组成,具体为绿色规划设计评估二级指标7项,设计评估三级指标39项;绿色施工评估二级指标6项,施工评估三级指标39项;绿色运营养护评估二级指标6项,养护评估三级指标30项,具体见表5-1。

绿色公路评估指标体系　　　　　　　　　　　表5-1

| 一级指标 | 二级指标 | 三级指标 |
| --- | --- | --- |
| 绿色规划设计 | 绿色规划 | 战略规划 |
| | | 专项资金规划 |
| | | 宣传培训计划 |
| | 节地与土地资源利用 | 节地选线 |
| | | 填挖平衡设计 |
| | | 合理设置取、弃土场 |
| | | 合理桥隧代路设计 |
| | | 合理边坡设计 |
| | | 优化互通立交设计 |
| | | 合理布设沿线设施 |
| | | 统筹利用线位资源 |
| | | 永临结合设计 |
| | | 便道、便桥永久化 |
| | | 其他临时工程永久化 |
| | | 临时用地恢复设计 |
| | 节能与能源利用 | 节能选线 |
| | | 节能设计速度 |
| | | 节能平纵组合 |
| | | 节能施工设计 |
| | | 公路附属设施节能设计 |
| | | 隧道照明、通风、监控等节能设计 |
| | | 制定节能评价指标 |
| | 节水与水资源利用 | 绿化节水 |
| | | 服务区节水 |
| | | 施工期节水规划 |
| | | 雨水、废(污)水和地下水综合利用规划设计 |

续上表

| 一级指标 | 二级指标 | 三级指标 |
|---|---|---|
| 绿色规划设计 | 节材与材料资源利用 | 利用本地材料 |
| | | 废弃材料循环利用 |
| | | 施工节材措施设计 |
| | 环境保护 | 总体设计 |
| | | 社会环境保护 |
| | | 生态环境保护 |
| | | 环境污染防治 |
| | | 绿化设计 |
| | | 景观设计 |
| | | 水土保持 |
| | 服务提升 | 建设品质提升 |
| | | 智能服务提升 |
| | | 绿色设施提升 |
| 绿色施工 | 节地与土地资源利用 | 合理标段划分 |
| | | 施工驻地永临结合 |
| | | 取土场节地布置 |
| | | 弃土场节地布置 |
| | | 场站节地布置 |
| | | 施工便道节地利用 |
| | | 临时工程并场利用 |
| | | 表土管理 |
| | | 加强土地资源保护 |
| | | 节地措施专项检查制度 |
| | 节能与能源利用 | 设备节能 |
| | | 驻地节能 |
| | | 场站节能 |
| | | 工艺节能 |
| | | 技术节能 |
| | | 加强施工节能管理 |
| | 节水与水资源利用 | 加强节水组织管理 |
| | | 雨水、地下降水循环 |
| | | 废、污水综合利用 |
| | | 混凝土路面和基层节水保湿养生技术 |
| | 节材与材料资源利用 | 科学的材料管理 |
| | | 工艺、技术节材 |

续上表

| 一级指标 | 二级指标 | 三级指标 |
|---|---|---|
| 绿色施工 | 节材与材料资源利用 | 废弃材料利用 |
| | | 隧道洞渣综合利用 |
| | | 采用新型材料 |
| | | 加强施工过程质量管理 |
| | 环境保护 | 生态环境保护 |
| | | 水环境保护 |
| | | 声环境污染防护 |
| | | 大气环境污染防护 |
| | | 岩石开采与扬尘控制 |
| | | 固体废弃物处理 |
| | | 社会环境保护 |
| | | 文物保护 |
| | | 环境破坏恢复 |
| | | 景观绿化 |
| | 服务提升 | 建设品质提升 |
| | | 智能服务提升 |
| | | 绿色设施提升 |
| 绿色运营养护 | 节地与土地资源利用 | 优化公路改扩建方案 |
| | | 降低运营期土地破坏 |
| | | 土地节约利用后评价 |
| | | 复垦土的养护管理 |
| | | 废弃道路及临时用地的回收处理 |
| | 节能与能源利用 | 隧道节能 |
| | | 收费站节能 |
| | | 服务区、管理办公区、养护区节能 |
| | | 监控设施节能 |
| | | 节能道路养护技术 |
| | | 节能管理制度 |
| | 节水与水资源利用 | 节水灌溉技术 |
| | | 节水绿化植物 |
| | | 节水绿化材料 |
| | | 服务区、管理区、养护区节水 |
| | 节材与材料资源利用 | 再生利用管理 |
| | | 预防性养护技术利用 |
| | | 科学管理,灵活养护 |

续上表

| 一级指标 | 二级指标 | 三级指标 |
|---|---|---|
| 绿色运营养护 | 节材与材料资源利用 | 节材制度管理 |
| | 环境保护 | 环保管理制度 |
| | | 水环境保护 |
| | | 声环境污染防护 |
| | | 大气环境污染防护 |
| | | 固体废弃物处理 |
| | | 生态环境保护 |
| | | 创建绿色服务区 |
| | | 已建公路生态修复 |
| | 服务提升 | 建设品质提升 |
| | | 智能服务提升 |
| | | 绿色设施提升 |

2）绿色度评价

为更直观地反映绿色评价成果，公路工程可以采取绿色度评价。绿色度评价是根据所建设的绿色公路的具体数据，综合评价各项指标的评价结果，对公路的绿色程度做出最后的定性。在进行绿色度评价时，通常将评价的绿色度分成5个等级（表5-2）。

绿色度等级表　　　　表5-2

| 绿色度 | 级别 | 分值 | 绿色公路目标实现程度 |
|---|---|---|---|
| 深绿色 | 一级 | 90~100 | 完全实现 |
| 绿色 | 二级 | 80~89 | 大部分实现 |
| 鲜绿色 | 三级 | 70~79 | 部分实现 |
| 浅绿色 | 四级 | 60~69 | 小部分实现 |
| 黄色 | 五级 | 0~59 | 没有实现 |

5个等级含义如下：

（1）一级（90~100分）：绿色公路目标完全实现，绿色公路与社会环境和生态环境非常协调，可持续发展趋势良好。

（2）二级（80~89分）：绿色公路目标大部分实现，绿色公路与社会环境和生态环境比较协调，可持续发展趋势较好。

（3）三级（70~79分）：绿色公路目标部分实现，绿色公路与社会环境和生态环境基本协调，可持续发展趋势一般。

（4）四级（60~69分）：绿色公路目标小部分实现，绿色公路与社会环境和生态环境不协调，生态环境受到一定程度的破坏，各级主管部门必须采取有效措施进行改善。

(5)五级(0~59分):绿色公路目标没有实现,生态环境受到严重破坏,须立即采取措施补救,但难以在短期内取得成效。

### 5.1.2 隧道工程

#### 5.1.2.1 隧道绿色进洞技术

合理的洞口位置形式设计,是改善和美化洞口环境、确保运营安全和顺利施工的重要条件。根据不同的地形、地质条件,可遵循"早进晚出""零埋深""零开挖""环境第一"的原则,选择适宜的隧道洞口位置和洞口间距,并结合洞口不同的功能需要,设计相应的洞口形式。

1)惠清高速公路项目面临的相关技术问题

惠清高速公路项目沿线穿越多个自然保护区、森林公园、生态严控区,环境极其敏感,建设、运营过程中的水土流失,以及噪声、烟尘、废水和垃圾等极可能对环境造成较大的破坏和污染,因此,要充分重视生态敏感山区工程建设的影响和公路建设中的环境保护问题。我国公路隧道经过多年的发展,在公路隧道设计、施工和运营中已经开始提倡环保型建设,虽取得了一些成果,如在隧道洞口建设中,由以前的大挖深槽采用柱式洞门或端墙式洞门,进步到现在采取小刷坡的削竹式洞门形式;洞口边仰坡由满眼灰色的混凝土壁,进步到明洞顶回填植草及边仰坡放缓坡比,采用混凝土网格植草防护。对于隧道偏压洞口,采取早进洞晚出洞方法,洞口部结构采取偏压结构形式,但仍然避免不了隧道洞口段山体内侧边坡仰坡过高的弊端。

惠清高速公路项目沿线设置16座隧道,所处地形高差大、地质复杂,且穿越需要重点保护的原始森林、河流、水库及城市森林公园。面临的主要问题是偏压高陡复杂条件下进洞情形普遍,复杂情形下隧道洞口的设计与施工难度较大,如果洞口刷坡过高,施工时极易出现塌方、地表沉陷等。对于建设过程中一些不可避免的破坏,要求进行人工修复,尽量恢复原来的生态环境,尽量消除人类活动对自然环境的影响,因此,如何在公路隧道特别是隧道洞口建设中提倡环保型建设是摆在建设者面前的严峻问题。加强对生态环境的保护既是我们的责任,也是我们的义务。

2)推广应用的技术

针对惠清高速公路项目大量隧道洞口为桥隧相接、偏压高陡的复杂情形,在"零开挖"隧道洞口设计原则的指导下,因地制宜,结合洞口段实际情况,采用桥隧对接系统设计、偏压明洞+放陡边坡、楔形管棚套拱+反压回填、护拱+反压回填的半明半暗技术、"零开挖"反向出洞以及棚洞进洞技术方案,成功地解决了隧道进洞困难的问题,践行了"安全、经济、环保、美观"的洞口设计理念,可供类似工程参考和借鉴。

隧道设计贯彻"早进晚出、保护环境"的进洞原则,推动"零开挖"进洞理念,尽量减少边仰坡刷方。洞门形式综合考虑地形、地貌、地质条件及附近建筑物和周边自然环境等因素,按照"确保安全、因地制宜、结合环境、美观实用"的原则进行设计。

(1)"零开挖"进洞。

洞门顶高度和开挖面相接处高度相同,洞门以上高程的土体不进行开挖。这可避免对隧道洞口仰坡的开挖,极大减轻对地面的破坏,能够降低安全隐患,节约成本,保护原生植被,保持较好的景观效果。

(2)洞口防护。

通过以暗色植物和水平成层的高大乔木为主体的绿化,采用自然式的栽植方式,减弱阳光的直射和反射效果,实现由亮到暗的视线过渡,改善驾驶员的视觉感受,减轻疲劳。

(3)合理选用棚洞。

依据工程实体情况,合理选用棚洞设计,可缩短隧道照明长度,减少边坡的刷坡,取消高边坡防护形式,美化洞口景观、降低对隧道洞口原生植被的破坏程度。

3)工程应用

(1)罗村隧道——桥隧相接设计。

桥隧相接分为桥台进洞和桥台与隧道结构物对接(桥台不进洞)两种方式。桥台进洞方案又分为桥台设置在隧道暗洞段和桥台设置在明洞段两种方案。由于桥隧相接洞口处施工场地狭小,施工条件复杂,施工工序干扰大,采用桥台进洞设计方案施工难度较大,各种结构物布设较为复杂,一般情况下尽可能选择桥隧相接的设计方案。桥隧相接涉及桥梁、路基、隧道、机电及交通安全各专业,设计难度大,需要各专业协调统一综合设计,而不可每个专业"各行其是",出现桥隧相接洞口段结构物布设不合理或遗漏的现象。

结合洞口段实际地形地质条件,为降低施工难度,避免洞口段各专业的施工相互干扰,罗村隧道选用桥隧相接设计,对洞口段涉及的隧道电缆槽手孔井、排水管沟、桥梁搭板、承台锥坡、检修步道及平台等进行系统设计,桥隧相接平、纵面设计图如图5-3、图5-4所示。

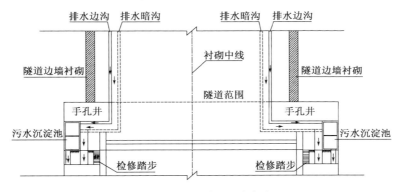

图5-3 桥隧相接平面设计图

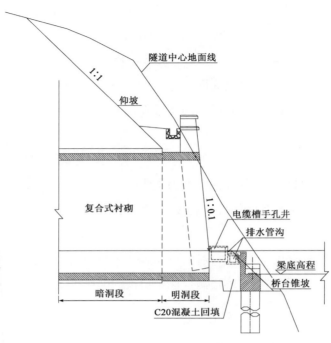

图 5-4　桥隧相接纵面设计图

（2）赤岭隧道——明洞段"偏压明洞+放陡边坡"、暗洞段"挡墙反压回填"进洞设计。

"偏压明洞+放陡边坡"进洞方案适用于隧道洞口地形偏压严重、地面横坡较陡、隧道纵坡较缓的情形，隧道边坡宜为石质边坡，放陡后自身稳定性较好，无顺层、外倾等不利结构面，同时，外侧偏压挡墙基础应落到实处，承载力需达到设计要求。

赤岭隧道左洞进口位于高陡的半山腰上，山体沟底较深，隧道轴线与等高线基本平行，为偏压进洞，地面横坡较陡，偏压严重，进洞条件较为困难，地质条件主要为中-微风化花岗岩，基岩裸露，地质条件较好。明洞段采用"偏压明洞+放陡边坡"的方案。洞口暗洞段浅埋偏压段，采取暗洞外侧设置"挡墙反压回填"方案，以消除暗洞洞口段偏压影响。该方案通过放陡边坡有效地减少了隧道边仰坡的开挖，避免洞口段出现高边坡刷坡的情形，如图5-5所示。

（3）长山埔2号隧道——洞口"楔形管棚套拱+反压回填"进洞设计。

一般情况下，位于偏压地形段的管棚传统做法是采用设置与隧道正交纵向2m宽的断面齐平的导向墙（套拱）进洞，该方案在偏压地形中必然会导致地形较高一侧隧道边仰坡较高。楔形管棚套拱是在隧道轴线与地面线斜交、隧道仰坡及边坡较陡峭的情况下，采用与地形相适应的楔形套拱（左右侧不等宽），可最大限度地减小隧道边仰坡开挖，实现"早进晚出、零开挖进洞"的理念。其"楔形"角度不宜过大，否则管棚外露段较长，可能造成暗洞段超前管棚有效长度减短的不利影响，同时应注重洞口段套拱的纵向和横向稳定性验算，防止套拱失稳导致洞口边仰坡滑塌。

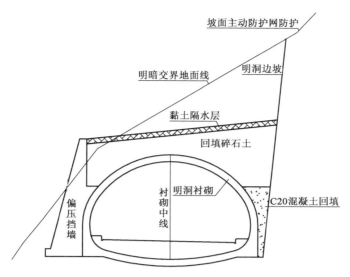

图 5-5 "偏压明洞 + 放陡边坡"设计方案

长山埔 2 号隧道进口为小间距隧道,右洞进口与地面斜交,洞口段地形较陡,隧道偏压严重,洞口段主要地质条件为全-强风化花岗岩,采用此方案进洞有效解决了隧道边仰坡大挖大刷的情形,并能很好地与实际地形相结合,达到了"零开挖"的设计理念。楔形套拱设计平面图如图 5-6 所示。

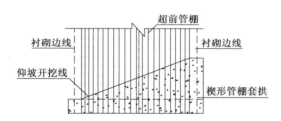

图 5-6 楔形套拱设计平面图

(4) 大岭隧道——"护拱 + 反压回填"的半明半暗进洞设计。

半明半暗是在隧道洞口地形偏压的情况下,隧道洞口段地质条件较好,为降低和减少隧道洞口较高一侧的边仰坡开挖高度,在隧道较低侧,即隧道覆土厚度较薄一侧设置护拱,并对护拱顶部进行土石回填。在护拱及回填土石施作完毕后,隧道在护拱下方进行大管棚施工及暗洞衬砌施工。该方案极大避免了隧道洞口的大开大挖,设计过程中应注重偏压挡墙的稳定性验算,并结合验算结果拟定偏压挡墙尺寸,避免出现洞口结构抗偏压不足、衬砌横向失稳的现象。

大岭隧道为小净距隧道,进口位于半山腰上,洞口接流溪河特大桥引桥,地质条件主要为强-中风化花岗岩,地形陡峭、偏压严重。洞口段山体稳定性较好,无滑坡等不良地质情况。采用该方案较好地解决了隧道进洞困难的问题。半明半暗进洞方案设计图如图 5-7 所示。

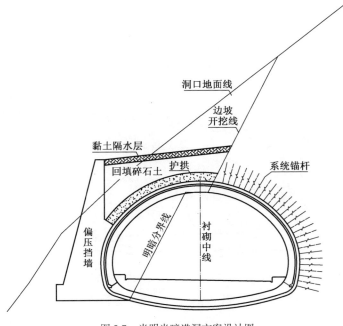

图 5-7 半明半暗进洞方案设计图

(5)乌树头隧道——"零开挖"出洞设计。

"零开挖"出洞是从隧道洞内向洞外施工出洞,在隧道洞内做好超前预支护措施,采用三台阶法上台阶出洞。在地形偏压情形下,隧道暗洞结构横向两侧端头伸出隧道的长度在线路方向不对称设置,以暗洞结构向洞外方向延伸较长一端为准。该方案基本实现了"零开挖"出洞,最大限度地保护了洞口段的原始地貌,与洞口段地形地貌相协调,同时节省了洞口开挖面的机械、电力等成本,较为美观、经济。其适用于地质条件较好、隧道洞口段边仰坡较稳定的短隧道单端出洞。在条件允许的情形下,尽可能地选择从洞外做好大管棚,或者对洞外地表预先加固后出洞。

乌树头隧道为分离式小净距短隧道,隧道进口端地形偏压严重,隧道纵坡较为缓和,洞口段主要地质条件:表层为残坡积土及全-强风化花岗岩,表层以下为强-中风化花岗岩。隧道采取从洞内"双层小导管+三台阶法"的上台阶出洞技术方案,同时加强了各台阶的锁脚锚杆,成功实现了"零开挖"出洞,有效避免了洞外段路基高边坡及大挖大刷的情形。"零开挖"出洞设计图如图 5-8 所示。

(6)南昆山隧道——棚洞设计。

棚洞是一种新型的明洞结构。在沿河傍山路段,传统的放坡开挖存在开挖与防护工程量较大、自然生态破坏面大、景观效果差等诸多不足,近年来,随着公路建设对环境保护和山体稳定的重视,在公路设计、施工及运营中更加注重对环境的保护,棚洞的设置越来越多。棚洞依据结构形式的不同,分为拱形、半拱形和框架结构等形式。棚洞的设置与工程实际相结合,减少了边坡的刷坡面积范围,有效保护了原始地貌,但棚洞相对于其他明洞,设计和施工难度较大,且造价较高,在棚洞设置长度较小的情形下不宜采用。

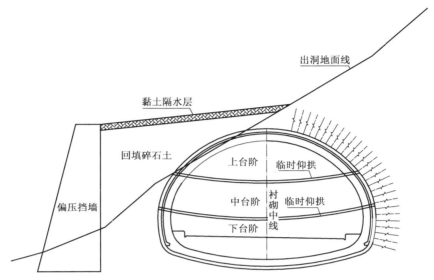

图 5-8 "零开挖"出洞设计图

南昆山隧道进口端位于南昆山生态旅游区七星墩水库附近,左侧为傍山进洞,自然山体较高,主要地质条件:表层为全-强风化花岗岩,表层以下为中风化花岗岩。该边坡总长约 60m,若采用路堑放坡方案,将形成 5~6 级的高边坡情形。为提高洞口段的行车安全和美观度,达到与隧道洞口周边自然环境相协调,综合考虑山体条件、周边环境、交通运营及经济合理等多方面因素,南昆山隧道进口段采用半拱形棚洞,外侧为开口式,以利于洞口段的光线过渡。棚洞断面图如图 5-9 所示,棚洞工程实体如图 5-10 所示。

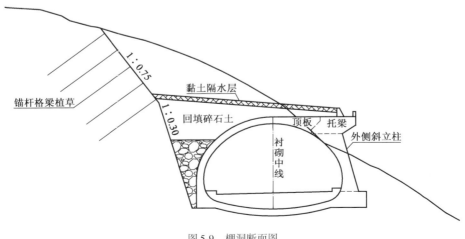

图 5-9 棚洞断面图

图 5-10　棚洞工程实体

### 5.1.2.2　隧道施工安全保障技术

1）惠清高速公路项目面临的相关技术问题

隧道工程所处的环境是一个地下封闭系统,不可预见的因素较多,且极其复杂,需穿越复杂地层、各种障碍物,施工风险巨大。近年来,由于施工或管理不当,隧道建设出现人员伤亡的事件时有发生,安全事故频发对隧道施工安全监控提出了更加严格的要求。目前隧道施工监测布置的测点少、频率低、反应慢,隧道施工面临各种严重挑战,尚存在四个方面的安全问题与不足:

(1)隧道地质信息难以预测与掌握。

隧道工程所面临的是地下复杂的地质环境,在现有技术条件下,仍难以探明隧道掌子面前方准确的地质信息,因此,隧道施工不可避免地存在一定的不确定性,借助监控量测信息进行预警反馈极有必要。

(2)隧道施工安全管理体系不完善。

公路隧道工程领域虽已制定了相关的施工技术标准,但施工安全事故仍时有发生,究其原因,现场人员安全管理体系仍不完善是关键,应当依托现代化的监控技术手段,建立实用高效的管理体系。

(3)监测体系没有考虑掌子面与后方围岩三维空间变形。

目前隧道施工监测的主要测试对象为掌子面后方围岩段的拱顶沉降和周边收敛。事实上,隧道开挖是三维空间问题,开挖变形可分为掌子面和掌子面后方围岩两个部分,坍塌等灾害可能发生在这两个不同区域,而对掌子面的变形通常未进行监测。掌子面和后方围岩失稳破坏的模式不同,监测指标体系应综合考虑隧道三维空间开挖的破坏形态,制定掌子面与后方围岩监测相结合的监测控制标准。

(4) 未建立隧道开挖现场的实时便携式预警系统。

目前的隧道开挖监测通常是人工定时监测，监测频次难以满足隧道掌子面和围岩失稳坍塌等灾害的预警需求，无法动态掌控隧道开挖变形状态。在人工监测的方式下，监测数据需进行室内作业处理，再提供预警反馈，但这一过程耗时较长，且仅停留在文本层面，真正最需要预警信息的掌子面工作人员却是预警信息的最后获得者。为提高预警的作用，需要建立一套便携式预警体系，针对隧道内不同的区域位置，通过无线局域网技术，发布实时的预警状态信息，并在隧道管理区和开挖工作区域，以可视化警报的形式展示目前隧道的实时安全状态，为现场工作人员提供直接预警，同时，可建立预警信息发布通道，通过短信等形式，向各级管理人员实时发布预警。

2）开展的研究和应用

针对大断面开挖的施工安全问题，通过分析隧道掌子面开挖和后方围岩的三维变形破坏模式，提出隧道掌子面和围岩的监控指标及标准，研发便携式预警设备，建立可视化的实时预警系统，形成隧道安全施工监管流程体系，保障惠清高速公路项目隧道施工人员的人身安全，提升广东省长大公路隧道建设和管理工作水平。

针对惠清高速公路项目三车道大断面隧道开挖的施工特点，为解决隧道施工的安全预警和监管问题，从隧道掌子面监测标准、围岩监测标准、实时可视化预警技术与装备研发，以及安全施工监管流程等方面展开研究，主要内容如下：

(1) 针对大断面隧道围岩稳定性的特点，研究围岩失稳的敏感性指标，基本确立了隧道围岩稳定性的监测预警指标。

(2) 通过数理统计和数值极限分析相结合的方法，得到了惠清高速公路项目在大断面隧道常规围岩条件下采用不同开挖工法时的容许位移和预警位移，为其他大断面公路隧道的施工提供有效的参考标准。

(3) 通过室内试验获得了强风化泥质砂岩和中风化泥质砂岩的力学参数和蠕变特性，试验数据见表5-3。

试 验 数 据 表　　　　　　表5-3

| 项　目 | 参 数 名 称 | | 试 验 值 |
|---|---|---|---|
| 中风化砂岩试件 | 变形参数 | 弹性模量 $E$(MPa) | 3041.4 |
| | | 泊松比 $u$ | 0.36 |
| | | 单轴抗压强度 $s_c$(MPa) | 12.6 |
| | 强度参数 | 黏聚力 $c$(MPa) | 1.23 |
| | | 内摩擦角 $\varphi$(°) | 22.5 |
| | 流变变形参数 | 蠕变曲线方程 | — |

续上表

| 项　　目 | 参　数　名　称 | | 试　验　值 |
|---|---|---|---|
| 全风化砂岩重塑土试件 | 变形参数 | 弹性模量 $E$(MPa) | 513.12 |
| | | 泊松比 $u$ | 513.12 |
| | | 单轴抗压强度 $s_c$(MPa) | 0.77 |
| | 强度参数 | 黏聚力 $c$(MPa) | 0.34 |
| | | 内摩擦角 $\varphi$(°) | 14.20 |
| | 流变变形参数 | 蠕变曲线方程 | — |

(4)通过三维数值仿真分析,初步判断出在施工过程中,惠清高速公路项目太和洞隧道全风化砂岩段拱脚部位为围岩失稳的薄弱环节,为控制围岩变形,有必要对拱脚部位进行加固,同时应保证有效的台阶长度,防止围岩失稳,确保隧道安全。

(5)通过数值极限分析,提出了大断面隧道全风化砂岩段富水条件下的控制安全系数(1.2),以及变形累计值和变形速率的安全基准值,试验数据见表5-4。

试 验 数 据 表　　　　　　表5-4

| 施工工序 | 拱顶中部沉降(mm) | 拱顶沉降速率(mm/d) | 曲墙上部水平变形(mm) | | 收敛速率(mm/d) | 曲墙中部水平变形(mm) | | 收敛速率(mm/d) |
|---|---|---|---|---|---|---|---|---|
| | | | 左侧 | 右侧 | | 左侧 | 右侧 | |
| 第一块 | 105.80 | 43.17 | — | — | — | — | — | — |
| 第二块 | 202.90 | 34.37 | 17.23 | — | — | — | — | — |
| 第三块 | 232.70 | 28.95 | 19.92 | 7.45 | 15.52 | — | — | — |
| 第四块 | 280.20 | 25.90 | 34.44 | 12.78 | 13.19 | 87.22 | — | — |
| 第五块 | 328.10 | 20.49 | 42.36 | 25.46 | 11.36 | 115.57 | 101.06 | 25.75 |
| 第六块 | 372.90 | 18.28 | 52.16 | 35.40 | 10.07 | 139.42 | 131.44 | 21.38 |
| 第七块 | 376.90 | 16.42 | 54.43 | 36.26 | 9.64 | 143.28 | 134.72 | 13.61 |

(6)通过实际调研、理论分析和室内试验分析,在隧道施工环境中,扩频通信技术要优于其他通信技术,同时通过一定的改进技术,提高了隧道施工环境下扩频无线通信的抗干扰能力,洞内无中继条件下最大传输距离可达2.8km。

(7)结合隧道的施工环境特点,选用了超宽带技术进行隧道内人员定位,完成了基于距离交会算法和信号飞行时间(TOF)的定位原理和算法研究,并通过一定的算法设计,实现了隧道施工环境下的二维定位技术,定位精度基本可以达到米级以下。

(8)研发出一套基于直角三角形测高原理的隧道围岩沉降位移自动监测装置,成功解决了隧道支护位移自动监测的难题。

(9)开发了隧道施工安全便携式智能预警系统,并且成功应用于太和洞隧道,实现了数据采集和传输、人员定位,以及实施预警功能。

3）工程应用

惠清高速公路项目为山岭重丘区高速公路，根据初步设计文件，全线共有隧道16座，其中，特长隧道8459.5m/2座、长隧道7816.5m/5座、中隧道4228.5m/6座、短隧道899m/3座（隧道总长21.403km）。隧道线路长，开挖断面大，采用双洞6车道标准，隧道内轮廓宽度达15.59m。

由于项目的特殊地理位置，建设过程中存在桥隧比高、工程规模大、投资规模大、工程建设技术难度大、实施困难、安全管控敏感点多、征地拆迁及地方关系协调难度大、环境保护难度大等诸多难点。项目沿线隧道工程情况见表5-5。

惠清高速公路项目沿线隧道工程情况一览表　　表5-5

| 序号 | 隧道名称 | 起止桩号 | 隧道长度(m) | 隧道类型 |
| --- | --- | --- | --- | --- |
| 1 | 枫树坳隧道 | K60+020~K68+770 | 750 | 中隧道 |
| 2 | 大坪隧道 | K70+026~71+390 | 745 | 中隧道 |
| 3 | 乌树头隧道 | K71+144~K72+387 | 243 | 短隧道 |
| 4 | 南昆山隧道 | K73+195~K77+417 | 4222 | 特长隧道 |
| 5 | 桥头隧道 | K80+662~K82+452 | 1790 | 长隧道 |
| 6 | 赤岭隧道 | K83+917~K85+635 | 1718 | 长隧道 |
| 7 | 长山埔1号隧道 | K87+205~K88+215 | 1011 | 长隧道 |
| 8 | 长山埔2号隧道 | K88+369~K88+865 | 496 | 短隧道 |
| 9 | 罗村隧道 | K90+414~K90+689 | 275 | 短隧道 |
| 10 | 石榴花隧道 | K91+815~K93+746 | 1931 | 长隧道 |
| 11 | 大岭隧道 | K95+245~K95+667 | 422 | 短隧道 |
| 12 | 赤树隧道 | K100+975~K101+769 | 794 | 中隧道 |
| 13 | 石岭隧道 | K105+833~K106+380 | 547 | 中隧道 |
| 14 | 高山顶隧道 | K116+666~K118+193 | 1527 | 长隧道 |
| 15 | 八片山隧道 | K172+565~K173+570 | 1005 | 长隧道 |
| 16 | 太和洞隧道 | K173+752~K178+040 | 4298 | 特长隧道 |

（1）不良地质分析。

通过对勘察设计资料和沿线隧道的工程地质进行调研分析，惠清高速公路项目隧道工程不良地质统计分析见表5-6。

沿线隧道不良地质统计表　　表5-6

| 序号 | 隧道名称 | 不良地质情况 |
| --- | --- | --- |
| 1 | 枫树坳隧道 | 隧址区未见不良地质情况 |
| 2 | 大坪隧道 | 隧址区未见不良地质情况 |
| 3 | 乌树头隧道 | 隧址区未见不良地质情况 |

续上表

| 序号 | 隧道名称 | 不良地质情况 |
|---|---|---|
| 4 | 南昆山隧道 | 隧址区发育一小型泥石流,位于洞身。该泥石流为山坡型泥石流,推测为早期洪水期强降水携带山体上部松散覆盖层而形成,其组成物质以黏性土混块石、碎石为主,大块石块径约0.5~2.0m,厚度推测在2m左右。除泥石流现象外,隧址区未见大规模不良地质现象,但岩体节理裂隙及风化裂隙较为发育,岩体呈碎块状松散结构,隧道施工开挖切削原有山坡,破坏其原有平衡,局部会造成落石、掉块及坍塌 |
| 5 | 桥头隧道 | 用布设在隧道的纵横各两条高密度电法测线对洞身进行了探测,并结合地表地质调绘,隧址区未见大型不良地质现象。但岩体节理裂隙及风化裂隙较为发育,岩体呈碎块状松散结构,隧道施工开挖切削原有山坡,破坏其原有平衡,局部会造成落石、掉块及坍塌。根据钻孔资料,局部钻孔揭示埋深有孤石,但不排除其他未实施钻孔勘探点的路段亦存在孤石的可能性。推测在进洞口等浅埋段孤石较为发育,设计时应予以注意 |
| 6 | 赤岭隧道 | 隧址区未见大型不良地质现象。岩体节理裂隙及风化裂隙较为发育。进出口附近均发育有崩坡积块石,块石呈碎块状松散结构,块径不一,局部有小型垮塌。边坡较陡,花岗岩出露面较多,局部发育有小型垮塌,但规模较小,对隧道工程影响较小。<br>此外,下覆岩体节理裂隙及风化裂隙较为发育,岩体呈碎块状松散结构,隧道施工开挖切削原有山坡,破坏其原有平衡,局部会造成落石、掉块及坍塌。<br>隧道在进口至K84+850段由于左侧坡体受构造影响形成断层崖,造成左右两侧压力不对称,右侧压力大于左侧,偏压严重。对洞口浅埋段偏压可引起围岩坍塌冒顶,应注意加强支护 |
| 7 | 长山埔1号隧道 | 隧址区未见大型不良地质现象。但在隧道进出口和洞身段坡面均零星分布崩坡积孤石,直径1~6m不等,方量较大,岩性一般为花岗岩,与覆盖层简单接触,埋深较浅,主要位于冲沟和缓坡地段,受植被及灌木的支护及长时间风化和应力释放,虽局部块石受人为扰动或暴雨冲刷沿冲沟或坡面蠕滑,但整体处于稳定状态。洞身段孤石对工程影响较小,洞口处孤石受暴雨和溪流冲刷较强烈,加之后续隧道施工和坡面开挖的扰动,有失稳滑塌和崩塌的可能,影响隧道口安全 |
| 8 | 长山埔2号隧道 | 隧址区未见不良地质情况 |
| 9 | 罗村隧道 | 隧址区未见不良地质情况 |
| 10 | 石榴花隧道 | 在隧道出口段K93+400~K93+746处隧道沿着山脊走向展布,山脊呈狭长形,两侧地形较为陡峻,左右线均有偏压现象,其中左线偏压较为严重 |
| 11 | 大岭隧道 | 隧址区未见不良地质情况 |
| 12 | 赤树隧道 | 燕山期花岗岩地区,地表植被覆盖较厚,暂未发现地表孤石出露,但坡残积土或全-强风化层中存在发育孤石的可能性。根据地质调绘及钻孔成果,隧址区XSZK37及ESZK6孔揭示1~2层孤石,其余路段暂未揭露孤石发育,但不排除孤石发育的可能性。隧道洞口浅埋段设计及施工时应注意孤石,预防冒顶坍塌 |
| 13 | 石岭隧道 | 隧址区未见不良地质情况 |
| 14 | 高山顶隧道 | 燕山期花岗岩地区,坡残积土或全-强风化层中存在发育孤石的可能性,根据地质调绘及钻探成果,隧址区暂未揭露孤石发育,但不排除孤石发育的可能性。隧道左线洞口浅埋段设计及施工时应注意孤石,预防冒顶坍塌 |
| 15 | 八片山隧道 | 隧址区内地形起伏较大,植被发育,未见滑坡、崩塌、泥石流等不良地质作用。岩体为砂岩,泥质粉砂岩,不存在有害气体 |
| 16 | 太和洞隧道 | 隧道出口段为全风化砂岩,隧道施工过程中,围岩稳定性差,易坍塌 |

通过现场的隧道工程地质踏勘,太和洞隧道出口段现场揭露围岩为全风化砂岩(如图 5-11 所示),岩体富水,隧道施工过程中围岩变形大,变形速率快,部分初期支护结构存在开裂现象,如图 5-12 所示。

图 5-11 隧道掌子面揭露围岩　　　　　　图 5-12 初期支护开裂与混凝土剥落

通过现场观察与分析,太和洞隧道全风化砂岩黏土矿物含量较高,一般在 10%~30%,其黏土矿物会表现出一定的崩解性和膨胀性,该岩类遇水性质恶化严重,这也是隧道雨季施工时围岩变形大的本质原因。

(2)现场监测数据分析。

对典型断面 ZK177+817、ZK177+822、ZK177+832 的现场监测数据进行分析,分析结果如图 5-13 ~ 图 5-15 所示。

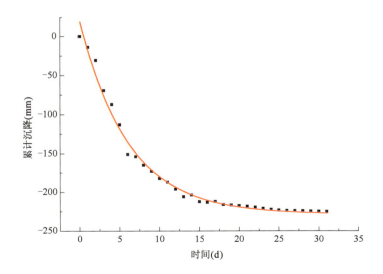

图 5-13　断面 ZK177+817 拱顶沉降随时间变化规律

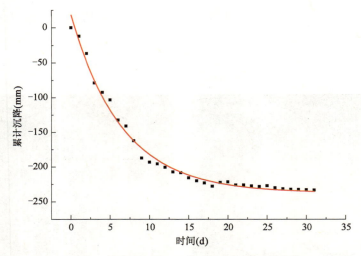

图 5-14 断面 ZK177+822 拱顶沉降随时间变化规律

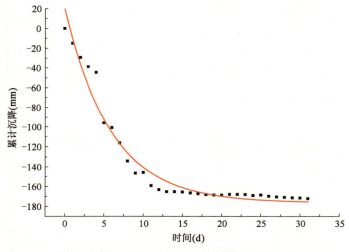

图 5-15 断面 ZK177+832 拱顶沉降随时间变化规律

通过式(5-1)中的指数函数进行数据拟合,进而获得太和洞隧道全风化砂岩段的围岩沉降变形规律。

$$y = ae^{-\frac{t}{b}} + c \tag{5-1}$$

通过多断面数据拟合,提出相关常量,取平均值后获得各常量取值,为 $a = 251.6258$,$b = 6.3412$,$c = -232.8935$,进而拟合获得太和洞隧道全风化砂岩段围岩沉降变形随时间变化规律的曲线公式,即式(5-2):

$$y = -251.6258e^{-\frac{t}{6.3412}} - 232.8935 \tag{5-2}$$

由于现场实测数据的离散性较大,若直接对实测数据进行拟合,得到拟合曲线的误差较大,因此可对监测数据进行归一化处理,通过归一化得到隧道围岩变形比率随时间变化规律曲线,如图 5-16 所示。

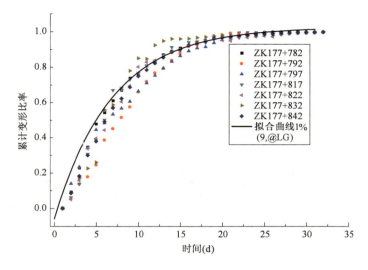

图 5-16 围岩变形比率随时间变化规律

由此可知,太和洞隧道全风化砂岩段位移释放率随时间变化规律可按式(5-3)进行预测:

$$\eta = -1.0867e^{-\frac{t}{6.87978}} + 1.02861 \tag{5-3}$$

设现场通过实测第一次的沉降变形量为 $s_1$,由式(5-3)可得:

$$\eta_1 = -1.0867e^{-\frac{1}{6.87978}} + 1.02861 = 0.0889 \tag{5-4}$$

继而可得 30d 的累计变形量为:

$$s_{30} = \frac{s_1}{\eta_1} = \frac{s_1}{0.0889} = 11.248s_1 \tag{5-5}$$

进而,由式(5-2)和式(5-5)可得隧道围岩变形随时间变化的规律,即式(5-6)。

$$s(t) = 11.248s_1 \times (-1.0867e^{-\frac{t}{6.87978}} + 1.02861) \tag{5-6}$$

(3)隧道施工安全便携式智能预警装备应用。

隧道施工安全便携式预警设备按照"感、传、知、用"四个层次,构架监测系统,其逻辑架构如图 5-17 所示。系统主要由隧道内前端传感器数据采集与发送、隧道内数据传输网络与数据远传搭建、主监控中心监测数据管理软件平台、智能终端预警四大部分组成。

整套系统通过多通道振弦数据采集仪对隧道内各断面布设的传感器进行数据采集,然后通过隧道内自组网络将数据传送至现场数据远传终端设备,由数据远传终端设备将数据发送至监控中心服务器。当巡检人员手持智能预警终端设备进行巡检时,由于手持终端具有隧道内定位功能,当巡检人员到达某一断面时,终端设备会主动显示当前监测断面的预警级别,实现隧道内预警功能。

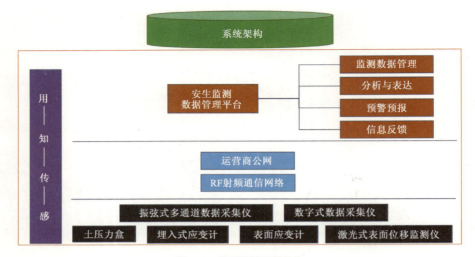

图 5-17 监测系统逻辑架构

监测系统遵循安全、有效、可靠、便于维护的设计原则,主要由前端数据采集、扩频无线数据传输、UWB(Ultra Wideband)人员定位网络、智能预警终端、监测预警主软件组成。

为了保障预警系统的稳定性及可靠性,在本监测系统中采用软件预警和硬件预警的双重预警机制,整套监测系统为实时在线设计,若通过软件预警的方式向报警器发送预警信息没有成功预警时,现场数据采集仪则启动硬件预警模式:采集仪根据监测断面传感器数据与硬件预警判定,将预警信息通过扩频网络发送至该断面的报警器上,同时通过扩频网络、GPRS(General Packet Radio Service)无线数据终端将监测数据、预警信息、定位信息远程发送至监控中心服务器上。

太和洞隧道出口段依托工程实施方案设计如图 5-18 所示,现场应用如图 5-19 所示。

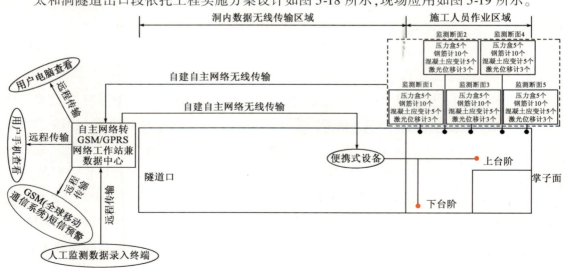

图 5-18 依托工程实施方案设计

图 5-19　太和洞隧道现场应用

（4）新型隧道施工安全逃生管道的应用。

惠清高速公路项目全线隧道配置新型隧道施工安全逃生管道，以保障施工安全。新型隧道施工安全逃生管道管体为超高分子量聚乙烯材料，自重轻，运输安装方便。逃生管道内表面光滑，输送能力高，管内预留工作绳，方便逃生、抢险、联络和传输各种物品，隧道逃生管道承插式连接如图 5-20 所示，现场应用如图 5-21 所示。

图 5-20　直径 800mm 超高分子量聚乙烯隧道逃生管道承插式连接

图 5-21　直径 800mm 超高分子量聚乙烯隧道逃生管道现场应用

#### 5.1.2.3　隧道水压爆破及施工降尘技术

1）惠清高速公路项目面临的相关技术问题

惠清高速公路项目隧道采用钻爆法开挖,这种方法炸药能量利用率偏低,循环进尺较短,且施工环境污染较严重。其主要表现在:

(1)钻爆法开挖掘进过程中存在超欠挖问题。由于围岩地质情况、节理裂隙分布情况、打眼方式和精度等因素的影响,实际开挖的轮廓线与设计轮廓线不能完全重合,其中超出设计开挖轮廓线的部位称作"超挖",达不到设计开挖轮廓线的部位称作"欠挖"。目前,国内岩石隧道的掘进过程中,超欠挖现象普遍存在。超挖会引起出渣量增加,从而导致出渣时间延长,喷射混凝土的用量增加,严重影响初期支护、防水板的布设、二次衬砌浇筑等后续作业,耽误工期;欠挖会影响到后期钢拱架的架设,需要清除作业,增加了材料用量以及工人的作业时间,小的欠挖往往需要用风镐等工具去除,大面积的欠挖则需要进行二次爆破,极易造成更大的超挖。超欠挖严重增加了施工成本,严重影响了施工企业的综合效益。以设计三车道公路隧道为例,隧道轮廓线长度大概为 35m,如果每循环掘进过程中平均超挖量为 15cm,每立方米湿喷混凝土按最低价 300 元计算,则隧道每向前掘进 1m,湿喷混凝土需多花费 1500 元以上。严重的超欠挖甚至会导致围岩不能自稳,容易引起隧道塌方事故。尽管行业对超欠挖问题极其重视,增加了很多科研投入,但是效果甚微,并没有起到很好的控制作用。

(2)爆破效能问题。隧道常规爆破的炮孔一般不进行回填堵塞,或仅用炸药箱纸壳进行堵塞。药卷一旦被起爆,则在药卷中产生爆轰波,沿炮孔径向传播的爆轰波产生的应力波的强度不受炮孔堵塞与否的影响。但是沿炮孔方向传播的爆轰波所产生的应力波的强度受无回填堵塞炮孔的影响而降低,削弱了对围岩的破碎作用,这也是炮孔无回填堵塞存在的问题之一。

常规爆破存在的第二个问题是,炸药爆炸除了在炮孔围岩中产生应力波作用外,还有爆炸气体的膨胀作用。由于无堵塞,气体会迅速从炮孔中冲出,极大削弱了气体进一步破碎岩石的作用。所以,常规爆破在炮孔元堵塞的情况下,不能充分利用炸药的能量。

(3)惠清高速公路项目沿线穿越多个自然保护区、森林公园、生态严控区,环境极其脆弱,建设、运营过程中的水土流失,以及噪声、烟尘、废水和垃圾等势必会对环境造成较大的破坏和污染,因此,要充分重视生态敏感山区建设的工程影响和公路建设中的节能减排问题。

(4)目前隧道施工大部分采用钻爆法开挖,使用无轨出渣运输,洞内爆破作业及喷浆机喷射混凝土时产生的粉尘和车辆行驶产生的粉尘弥漫于隧道洞口至隧道掌子面区域,尤其是开挖掌子面时,附近的粉尘浓度最大,能见度低,且空气质量差,会对作业人员造成一定伤害。

2)推广应用的技术

(1)技术一:水压爆破技术。

水压爆破施工技术是由我国著名的爆破专家何广沂教授在20世纪90年代提出来的。近年来,该技术已日臻成熟,并在国内多条公路、铁路隧道中进行了推广应用,如江西宁安高速公路、陕西宝汉高速公路坪坎至汉中(石门)段石门特长隧道、宝兰客运专线笔架山隧道、云桂铁路老格山隧道、成兰铁路、沪昆客运专线贵州段等,效果良好。

水压爆破是目前正在逐步推广的隧道掘进开挖技术,是以光面爆破为基础发展而来。光面爆破技术在岩石隧道的掘进过程中已得到了较为普遍的运用,相比一般控制爆破而言,光面爆破除了能有效崩落和破碎岩石之外,在周边炮孔采用小孔距少装药的手段,还能对轮廓线以外的岩体起到很好的保护作用,降低开挖面的超欠挖,从而达到隧道开挖轮廓线光滑平整、围岩稳定的目的。随着对爆破效果要求的提高,单纯采用传统光面爆破法已不能满足超欠挖控制的需要,过多的超欠挖严重增加了施工的人力及物力。为了进一步提高光面爆破的效果,各种聚能爆破技术应运而生。与普通光面爆破相比,聚能爆破能够在周边炮孔轮廓线上首先生成裂缝,有利于定向破碎岩石,而在炮孔中添加水袋形成的聚能水压爆破技术更有利于破碎岩石及降低爆破后粉尘对环境的污染。

水压爆破技术实质上是将药包置于注满水的被爆容器中的设计位置上,以水作为传爆介质,传播爆轰压力使容器破坏,其空气冲击波、飞石及噪声等均可有效控制。该技术在炮孔中先"注水"后用"炮泥"回填堵塞,利用在水中传播的爆破应力波对水的不可压缩性,使爆炸能量经过水传递到炮孔围岩中,十分有利于岩石破碎。同时,水在爆炸气体膨胀作用下产生的"水楔"效应有利于岩石进一步破碎,且炮孔中的水可以起到雾化降尘的作用,大大降低了粉尘对环境的污染。

由于水的物理力学性能同空气不一样,与空气不耦合装药相比,水压爆破具有以下特点:

①基于水的不可压缩性和较高的密度、较大的流动黏度,水中爆轰产物的膨胀速度较慢,在耦合水中激起爆炸冲击波的作用强度高,作用时间长。

②在炮孔周围岩石中产生的爆炸冲击波强度高,衰减慢,作用时间较长,存在较高的爆炸压力峰值,因此,对岩石造成的破坏作用强。

③由于水的不可压缩性和较高的能量传递效率,同时借助炮泥的堵塞作用,传递给岩石的爆破能量均匀且利用率高。

④在爆破破碎质量上,水压爆破能使破碎块度更加均匀;在爆破安全方面,其能够有效地控制爆破振动、爆破飞石、空气冲击波和爆生有毒气体的强度和数量,降低爆破粉尘。

⑤与耦合装药相比,水耦合装药能够降低孔壁岩面上的初始冲击压力,有利于提高光面爆破、预裂爆破的成型质量。

水压爆破的炮孔采用如下方式布置:在炮孔内的一定位置按一定的要求装放水袋和药包,再在炮孔口用炮泥封堵,而其他如钻孔数量、布孔方式、起爆顺序、钻孔深度等都与常规爆破相同,但装药量可以适当减少。与常规爆破相比,水压爆破每循环进尺和炮孔利用率有所提高,炸药消耗有所降低,爆破均匀,且大块率有所降低,爆堆抛散距离有所缩短。此外,有研究表明,水压爆破后粉尘浓度下降约67%,洞内的空气质量得到了极大的改善,更好地保护了施工环境和作业人员健康。常规爆破与水压爆破示意图如图5-22所示。

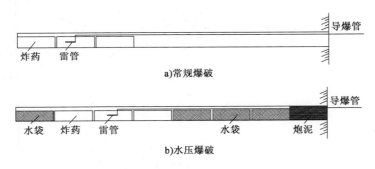

图5-22 常规爆破与水压爆破示意图

(2)技术二:水幕/炮降尘施工技术。

在隧道出口安装水幕降尘设备,可保证洞内的空气清洁,加快炮烟清除速度,改善洞内空气质量。本着投资小、见效快、效果好的原则,选用自制湿式除尘装置。将$\phi 50mm$钢管弯制成与隧道弧形相仿,利用膨胀螺栓和铁皮自制的抱箍将弧形钢管固定在岩壁上,在距离掌子面100m范围内环向设置3道,距离掌子面的距离分别为30m、50m、80m,弧形钢管上按间距150mm×150mm打设小孔,直径6mm,焊接喷头,弧形钢管与高压水管连接,放炮前10min打开阀门,高压水通过喷嘴雾化形成水雾,与炮烟中的粉尘颗粒凝结降落,放炮后30min关闭,可有效清除炮烟中的有害物质。自制降尘器随掌子面开挖向前挪动。

水幕降尘装置的主要构造如图5-23所示。隧道洞口喷淋降尘系统主要由水箱、喷洒装置、自动运输车、高压水管、自动定时系统和洞口喷淋系统构成。装置操作技术要点是要保证蓄水箱中有足够的水量以满足高压喷射机的使用。移动式喷雾车要放置在距离产生粉尘的地方 10m 以内,保证水雾能够覆盖粉尘。

3) 工程应用

本项技术已成功应用于南昆山隧道的施工中。南昆山隧道是惠清高速公路项目的控制性工程,隧道左线 4222m,右线 4148m,采用双向六车道高速公路标准,设计速度 100km/h。隧道内轮廓采用三心圆拱顶曲墙断面,复合式衬砌结构,净宽 15.5m,结构内净高 5.0m,内轮廓面积 133.5m²,最大开挖跨径 18m。南昆山隧道水压光面爆破工艺流程为:依据掌子面的地质情况确定围岩级别→选定爆破方案→依据爆破设计放线布孔、风钻钻孔→装药→人员设备退场→起爆→排烟→检查爆破效果→修正爆破设计→进入下一工序。

(1) 测量放样。

在隧道中架设全站仪并调平,后视对准隧道左右两侧已知的放样点并分别输入其坐标,转动全站仪后再次用激光对准其中一个放样点进行测量。若测量结果与已知坐标基本一致,则全站仪定位完毕,可根据炮孔布置图进行炮孔定位。爆破测量放样如图 5-24 所示。

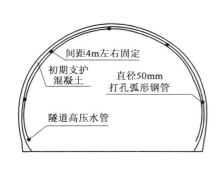

图 5-23 水幕降尘装置

图 5-24 爆破测量放样

(2) 炮孔设计、炸药制备、钻孔及装药。

以南昆山隧道Ⅲ级围岩全断面开挖掘进工作面炮孔布置为例,炮孔布置示意图如图 5-25 所示。为满足光面爆破效果,先起爆掏槽孔,为其他炮孔提供临空面,再起爆辅助孔、内圈孔,最后起爆周边孔、底板孔。为保证起爆时差,增强爆破效果,选用雷管隔断使用,即选用 1 段、3 段、5 段、7 段、9 段、11 段、13 段。炸药采用 2 号岩石乳化炸药,规格为直径 32mm,长 200mm,单卷质量为 200g,炮孔口未回填堵塞炮泥。引爆采用 1~13 段的非电毫秒雷管起爆,起爆采用电雷管。

掏槽孔决定了隧道开挖的循环进尺且要为辅助孔创造第二个自由面,因此掏槽孔中的炸药爆炸时需要有充足的能量破碎岩石,并且需要将岩石远远地抛掷。本方案掏槽孔采取连续装药,并且掏槽孔中的炸药量相对大于其他炮孔。辅助孔的作用为大量崩落岩石从而进一步扩大断面,辅助孔全部采取连续人工装药法。周边孔按爆破设计方案,采用间隔装药法装药,药卷与药卷之间用水袋进行间隔。其他炮孔按设计的装药量,采用耦合连续装药结构。周边孔是控制隧道成型好坏的关键,且爆破时不能过多破坏轮廓线以外的围岩。

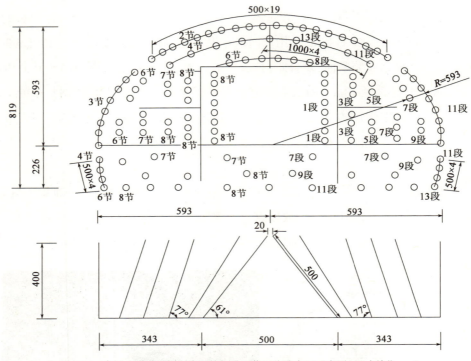

图 5-25　南昆山隧道Ⅲ级围岩开挖掘进工作面炮孔布置示意图(尺寸单位:cm)

水压爆破时,炮孔的位置、角度、装药量等是影响光爆效果好坏的关键因素,应认真按爆破设计进行布孔、钻孔,并对钻爆操作人员进行岗前培训,强化进程管理,确保光爆效果良好。具体操作如图 5-26~图 5-34 所示。

图 5-26　炸药制备

图 5-27　制作水袋

图 5-28　钻孔

图 5-29　装水袋

图 5-30　聚能管

图 5-31　装入聚能管

图 5-32　埋入雷管

图 5-33　雷管及聚能管安装完毕

图 5-34 装入炮泥

(3) 连线、检查及起爆。

待清孔完成,爆破员开始在掌子面装药,分组连接雷管,对爆破网络检查后按规定程序引爆。如果发现漏爆、拒爆等现象,应立即查明原因,进行补炮处理。孔位间距检查如图 5-35 所示。

(4) 通风、出渣。

应采用压入式通风,供风管道前端面至开挖面距离控制在 20m 以内,风速控制在 $1.5 \sim 3.0 m^3/s$。采用机械排险与人工排险相结合的方式,排除围岩表面活动浮石,同时应检查掌子面、拱顶、边墙的安全状况。每个工作面应布置 1 台挖掘机,1 台装载机,6~10 辆自卸汽车,保证出渣效率和作业安全。

爆破后,待排烟完毕,应指派专人检查爆破效果,对爆破进尺、轮廓线超欠挖、炮痕保存率、爆方石块大小、抛距等情况进行综合分析。效果欠佳时,应逐步修正爆破设计,以达到满意的钻爆效果。水压光面爆破效果如图 5-36 所示。

图 5-35 孔位间距检查

惠清高速公路项目在全线隧道施工处均设置了水幕降尘系统及移动式降尘水炮(图 5-37),保障了施工洞内的空气质量。

水幕降尘系统在每 200m 处设置一道水幕,采用无缝钢管和雾化喷头加工而成。该装置直接与隧道施工供水管道相连接,设置阀门单独控制,开启后可以在隧道口处形成雾化水幕,能够有效起到隧道内喷射混凝土及爆破施工后的降尘作用,无须另外接入动力电源,无须频繁人工操作来挪移位置,制作简单易行,成本低、效果好。

在每 200m 设置水幕降尘系统的基础上,补充设置移动式降尘水炮,可以保证洞内空气质量,同时能有效减少每次循环爆破后的等待时间。

图 5-36　水压光面爆破效果

图 5-37　水幕/炮降尘技术

#### 5.1.2.4 隧道绿色环境保护喷射混凝土技术

惠清高速公路项目全线隧道采用隧道绿色环境保护喷射混凝土技术。该技术针对传统湿喷法混凝土在料罐、管道中易于凝固，黏结造成堵塞，清洗困难，设备较笨重等弊端，从喷射混凝土材料、喷射工艺及配套设备上进行了改进创新，有效提高了施工效率。

1) 惠清高速公路项目面临的相关技术问题

喷射混凝土技术是新奥法施工的三大支柱之一，它以简便的工艺、及时的支护及较低的成本在地下工程中得到了广泛应用，目前主要有干喷和湿喷两种喷射方式。

干喷技术在井巷施工中一直占据统治地位，特别在我国煤矿领域更是占据绝对地位。由于干喷技术存在施工效率低、回弹率高、粉尘大、喷射强度得不到保证、喷浆只能作为岩层的防风化保护层而不能作为有效的支护手段等问题，近些年来，随着混凝土喷射工艺的进步和发展，湿喷工艺以其独有优势慢慢占据了主导地位，且已成为一种发展趋势，特别是湿拌喷射混凝土技术的发展，大大拓展了喷射混凝土在地下工程中的使用范围。虽然湿喷技术较干喷技术有较大的优势，但目前工程实践中所采用的混凝土湿喷机都存在着不同程度的弊端。英国生产的 compenass-208 型混凝土湿喷机和日本生产的德斯古马恩型混凝土湿喷机都是靠螺旋方式将拌合料送入输料管，再借助压缩空气将拌合料喷出，这些机型存在的共同问题是磨损过快，材料消耗量大，维修费用高，喷腔出料口脉冲现象严重，出料不均，使用中漏气、跑浆现象严重，影响了混凝土的连续定量喷射。国内各工程基地研制的湿喷机，由于磨损严重，倒灌现象时有发生，脉冲现象突出，粉尘污染严重，因此施工效率与质量均受到较大影响，且增加了资源消耗。同时，由于机器体积大，操作维修不便，增加了运营成本，甚至会影响施工进度。惠清高速公路项目 16 座隧道均处环境敏感区和保护区，对绿色施工要求极为严苛。

2) 推广应用的技术

采用绿色环境保护混凝土湿喷工艺技术，极大地改善了隧道施工作业环境，缩短了喷射混凝土的作业循环，更为重要的是，通过湿喷工艺推广使用低碱绿色速凝剂，可有效降低隧道中的粉尘浓度，改善了施工环境，保护了工人的身体健康，并能够提高施工效率，缩短工期，使喷射混凝土质量稳定可靠。

(1) 技术一：喷射混凝土绿色低碱外加剂的推广应用。

随着我国隧道、矿山等各类洞室的开挖和地下工程的建设，喷射混凝土作为一种必要的手段，应用十分广泛。速凝剂是喷射混凝土所必需的外加剂，其作用是使喷射混凝土速凝快硬，减少回弹损失，防止喷射混凝土因重力作用引起的脱落，提高在潮湿或含水岩层中使用的适应性能，并产生较高的早期强度，增大一次喷射厚度。

速凝剂主要分为两种形式,即粉状速凝剂与液态速凝剂。其主要类型有:铝氧熟料-碳酸盐系,铝氧熟料-明矾石系,水玻璃系,低碱或无碱系。目前我国喷射混凝土中主要使用粉状速凝剂,较为普遍的有红星一型、阳泉一型、711型、782型,这类速凝剂含碱量高,对人体腐蚀性大,喷射混凝土后期强度衰减严重。粉状速凝剂主要用于干式喷射混凝土中,喷射中回弹量大、粉尘量大,且不能与集料很好地混合均匀,致使其掺量过大,会严重影响喷射混凝土后期强度,增大施工成本,影响施工进度。

而液态速凝剂主要用于湿喷混凝土中,分为无机和有机两大类。目前国内的液态速凝剂性能较单一,不能满足喷射混凝土多方面的要求,且对水泥的适应性差,易出现急凝、缓凝的现象,甚至使混凝土无法黏贴在喷射面上。低碱和无碱速凝剂掺量一般较大,在6%~10%,产品质量差异性也较大,无法满足现场工程需要。因此,急需研制复合型液态速凝剂,以便充分发挥材料各组分的叠加效果,改善喷射混凝土的综合性能。

我们在惠清高速公路建设过程中,对现有国内外喷射混凝土配合比、外加剂进行了调研分析后,研制并使用了绿色低碱的新型液态外加剂,并借助室内和现场试验,系统研究不同围岩条件下喷射混凝土配合比的工作性能,以确保喷射混凝土凝结时间能够可调可控。

(2)技术二:不同围岩状态下绿色低碱喷射混凝土配合比及工艺应用。

在不同围岩状态下,根据包括特殊地质构造、施工条件等不同要求的高压液力喷浆性能(凝固时间、初凝及终凝强度),研制了适宜的材料配合比,设计了不同的高压液力喷浆工艺流程,不断优化总结,形成了一套完整的绿色低碱湿喷浆工艺成套施工方案。

首先,喷射混凝土的配合比应考虑喷射混凝土的性能、施工条件、施工环境,以及材料的品质变动等因素,因此,喷射混凝土配合比的确定需满足下列条件:

①能得到所需强度;

②回弹量少、粉尘少;

③黏附性能好,能得到密实的混凝土;

④不宜发生管道堵塞等情况。

低能耗绿色分离式喷射混凝土的配合比研究主要有以下几个关键要素:混凝土强度的确定,胶体的选择及用量,水胶比,砂率,粗细集料的选择与用量,外加剂的掺量等。隧道用喷射混凝土的强度等级一般为C20~C35,由于喷射混凝土中都要加入速凝剂,根据《喷射混凝土用速凝剂》(JC/T 477—2005)的规定,喷射混凝土后期强度损失允许在30%以内。因此,推广本技术将使得在满足规范的条件下,力争在低碱低掺量条件下,喷射混凝土的强度损失允许在15%以内,即提高后期强度损失比50%以上。

其次,由于液态速凝剂的使用,充分发挥了湿喷技术的优点,诸如:

①更强的喷射能力,在某些情况下能达到$25m^3/h$;

②回弹量减少,粉尘浓度低,极大地改善了施工作业环境;

③对喷射机械磨损损耗低;

④高密度输送混凝土时,空气消耗量低;

⑤更高的喷射混凝土质量。

喷射混凝土的性能会随喷射方式、喷射设备、围岩状态和施工场所的温度、湿度,以及使用材料的离散性等而变动,应多加注意。另外,喷射混凝土的施工特征(压送性和回弹率)对硬化后的混凝土品质有很大的影响,因此,喷射混凝土的配合比与普通混凝土不同,为充分确保混凝土性能,要进行试喷试验,以确认其能否满足要求。

3) 工程应用

本项技术在惠清高速公路项目全线 16 座隧道中进行了应用,共计 42.3km,如图 5-38 ~ 图 5-42 所示。

图 5-38 隧道初期支护湿喷

图 5-39 太和洞隧道正在使用机械湿喷机进行喷锚

图 5-40 机械湿喷机有效改善了喷锚环境

图 5-41 采用湿喷机有效保证了初期支护的平整度

 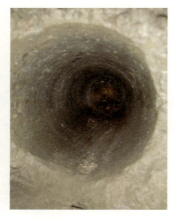

图 5-42　湿喷技术保证了初期支护的密实度（图片为取芯后孔洞照片）

### 5.1.2.5　清水自密实混凝土技术

惠清高速公路项目在南昆山隧道采用清水自密实混凝土技术。该技术结合了新型混凝土的两大发展方向：一方面混凝土表面平整光滑、色泽均匀、线条流畅、美观大方，具有自然的装饰效果；另一方面具有高流动性、填充性与间隙通过性，混凝土能在自重作用下均匀填充且沉降密实。

**1）惠清高速公路项目面临的相关技术问题**

惠清高速公路项目隧道采用三车道大跨径设计，二次衬砌混凝土脱空是其面临的主要问题之一。尤其是隧道拱顶部分，一般空隙较大，二次衬砌由连续分布受力状态变为非连续受力状态，对初期支护和二次衬砌的受力和变形会产生重大影响。脱空处会产生不受约束的较大变形，该处背后围岩的松弛区和塑性区加大，使该处初期支护承受荷载增加，增大了隧道后期运营的风险。同时，衬砌脱空也会使衬砌内外侧应力分布不均，产生较多的裂缝，影响结构的耐久性。

隧道施工二次衬砌采用泵送混凝土，需要混凝土具有较大的流动性，以减少混凝土裂缝、蜂窝麻面、错台及漏浆等问题。大流态混凝土配制不当易导致振捣时产生离析、浮浆等现象，多余的游离水与钢模板上的脱模剂形成的水珠会导致拆模后混凝土表面出现蜂窝麻面。普通混凝土由于其流动性较差，凝固时间快，易形成明显的气泡、砂痕、离析、冷缝、花纹等缺陷，而在实际施工中，由于混凝土在运输和施工过程中存在不确定因素，较长时间的施工停顿可能导致二次衬砌表面出现色差带等缺陷。

在隧道二次衬砌混凝土浇筑的特殊施工环境下，人工振捣难度较高。对于部分结构复杂和钢筋较为密集的构件来说，使用普通混凝土将会大大增加施工难度和时间。而采用高性能的清水自密实混凝土，不仅可以解决普通混凝土的衬砌质量问题，提高施工效率，而且可以取消隧道外观涂层等装饰，在一定程度上减少环境污染并缓解混凝土施工中熟练混凝土工短缺的现状。

2）推广应用的技术

(1) 清水自密实混凝土配合比设计。

①清水自密实混凝土设计的总体要求是，充分发挥清水自密实混凝土能将清水混凝土和自密实混凝土两种高性能混凝土的优点集为一身的特点，从控制混凝土原材料质量出发，考虑自密实混凝土和清水混凝土的配合比设计要求，既满足自密实混凝土高流动性、高匀质性、高填充性、抗离析性的要求，又达到清水混凝土的装饰（饰面）效果。

②清水自密实混凝土配合比设计的要点是，根据结构物的环境影响因素、结构设计要求、施工条件及外观质量（装饰）要求等性能进行设计，在综合力学性能、体积稳定性、耐久性和装饰性能要求的基础上，设计试验配合比。配合比设计宜采用绝对体积法。按照设计要求进行原材料选择和混凝土试配，确定其表面颜色。配制时应掺加优质矿物掺合料，提高混凝土的工作性能和耐久性。采用与胶凝材料适应性良好的高性能减水剂及其他可提高混凝土性能（如保水性、抗离析性等）的外加剂。采用确定的清水自密实混凝土配合比进行模拟试验，以检验其是否满足工程应用条件。

(2) 清水自密实混凝土施工工艺及质量控制。

明确清水自密实混凝土施工工艺及质量控制标准并严格执行，具体要求如下：

①原材料性能检测与优化。原材料质量对混凝土的工程力学性能和耐久性等有着重要影响，混凝土的质量控制应从原材料的优选和质量检测入手。根据清水自密实混凝土和设计文件对原材料的质量要求优选原材料，应特别注意外加剂与胶凝材料的相容性、集料的杂质含量（含泥量、泥块含量等）、选用对混凝土外观颜色无影响的外加剂等。综合考虑混凝土的工作性能、力学性能、体积稳定性、耐久性和装饰性能的要求进行配合比的调整与优化，实际施工前应进行模拟试验，验证混凝土的性能并发现可能存在的问题，确保实体工程的施工质量。

②模板与钢筋工程。模板工程质量对清水自密实混凝土的施工质量有着重要影响，包括模板设计、模板制作、模板安装、模板拆除等步骤，应按照相关标准及设计文件的要求进行模板工程施工。钢筋应清洁、无明显锈蚀和污染，饰面清水混凝土模板应涂刷防锈漆。

③混凝土的制备与运输。清水自密实混凝土生产前应对生产线的相关部件进行清洗、清理，特别是皮带和搅拌机。混凝土拌合物的运输车辆，装料前容器内应清洁、无积水，同时应加强混凝土检验工作。

④混凝土浇筑与养护。清水自密实混凝土浇筑前应保持模板内清洁、无积水，同时应做好混凝土浇筑前的质量验收，不符合要求的不得使用，严格按照施工技术文件的要求进行施工。混凝土拆模后应立即养护，应采取相同的措施以免产生色差，不得使用对有可能污染混凝土表

面的养护材料和养护剂。

⑤表面处理与成品保护。对局部有缺陷的部分应按照《清水混凝土应用技术规程》(JGJ 169—2009)的有关规定进行处理,拆模后应对混凝土采取保护措施,防止污染及损伤混凝土,影响其装饰效果。

(3)新型台车及衬砌施工技术。

针对传统台车机械化程度低、利用率低、不能满足快速施工要求等问题,采用具有自行系统、合页式端头模板系统和逐窗入模分层浇筑系统等功能的新型衬砌台车,解决传统台车衬砌施工质量差、进度慢、不经济和环向止水带施工质量差等问题。

3)工程应用

清水自密实混凝土的工程应用部位主要是惠清高速公路项目南昆山隧道。该隧道长约4222m,属于特长隧道,隧道进口洞门类型为棚洞式,出口为削竹式,隧道单洞宽17.75m,净高5m。使用自行式衬砌台车进行隧道二次衬砌混凝土浇筑,台车长约12m,单次浇筑需C30清水自密实混凝土约220m³。

工程隧道二次衬砌混凝土浇筑模板(图5-43、图5-44)采用具有足够强度和光洁度的2mm不锈钢板+10mm普通钢板整体压制复合钢板,脱模剂采用模板漆。浇筑清水自密实混凝土前,应首先进行模板表面的打磨处理,之后进行模板漆的涂刷,待模板漆固化成型后方可进行混凝土浇筑。涂刷模板漆后的模板表面十分平整光滑,不易沾染污渍。性能优异的清水自密实混凝土浇筑成型后,甚至可以形成混凝土镜面效果。模板漆一次涂刷后可多次使用,能够节省大量的准备工作,提高施工效率。

图5-43　二次衬砌模板的打磨抛光

图5-44　二次衬砌模板涂刷模板漆

二次衬砌混凝土浇筑使用自行式二次衬砌台车,台车就位后加装端头模,使用拖泵进行逐窗入模分层浇筑。浇筑过程中,从隧道两侧分层对称浇筑清水自密实混凝土,保证两侧灌注的高度差不超过1.5m。

当二次衬砌进入封顶阶段时,由封顶口倒退逐一泵送混凝土,以确保拱顶混凝土回填密实。清水自密实混凝土浇筑过程无须使用捣固棒插捣,使用附着式振捣器辅助振捣 2~3s 即可,如图 5-45~图 5-49 所示。

图 5-45　自行式二次衬砌台车

图 5-46　二次衬砌混凝土浇筑

图 5-47　逐窗入模分层浇筑系统

图 5-48　坍落度测量

图 5-49　自行密实

清水自密实混凝土的坍落度大,可达 250mm,可以在钢筋密集的部位进行填充,在免振捣条件下能够有效保障混凝土填充密实。

清水自密实混凝土在浇筑完成后,拆模时间为浇筑后20h。拆模的时间必须要控制好,拆模过早会造成脱皮或开裂,拆模过迟则会增大拆模难度,易造成模板变形,从而影响模板的使用寿命。拆模后二次衬砌混凝土采用雾炮喷水进行养护,共养护14d。

清水自密实隧道二次衬砌混凝土外观整体较为良好,表面十分光滑平整,拱顶等部位呈现出一定的镜面效果。与普通混凝土相比,清水自密实混凝土二次衬砌的表面平整度和光滑度较好,而且整体偏白灰色,颜色均匀,色差小,如图5-50所示。在实际施工中,由于混凝土在运输和施工过程中存在不确定因素,较长时间的施工停顿可能导致二次衬砌表面出现色差带及施工冷缝等缺陷,清水自密实混凝土则解决了这一问题,浇筑时间间隔0.5h内不会有明显缺陷。

图5-50 清水自密实混凝土二次衬砌表面颜色及颜色均匀度

对现场预留的C30清水自密实混凝土试件各龄期的抗压强度进行检测,其7d抗压强度为35.72MPa,28d抗压强度为46.02MPa。

衬砌成型28d后,参照《回弹法检测混凝土抗压强度技术规程》(JGJ/T 23—2011)等相关规范,混凝土回弹强度的测试结果见表5-7。各测点的碳化深度值取三次测量值的平均值,见表5-8。查阅JGJ/T 23—2011中的附录B换算表,得到各测区的混凝土强度值,见表5-9。

各测区平均回弹值 表5-7

| 测区 | 1 | 2 | 3 | 4 | 5 | 6 | 7 | 8 | 9 | 10 |
|---|---|---|---|---|---|---|---|---|---|---|
| 回弹值 | 43.8 | 42.6 | 44.2 | 43.8 | 42.4 | 43.4 | 42.8 | 43.4 | 44.2 | 42.4 |

各测点的碳化深度 表5-8

| 类别 | 测点1 | 测点2 | 测点3 | 碳化深度平均值 |
|---|---|---|---|---|
| 碳化深度值(mm) | 1.5 | 1.5 | 1.5 | 1.5 |

各测区混凝土强度值 表5-9

| 测区 | 1 | 2 | 3 | 4 | 5 | 6 | 7 | 8 | 9 | 10 |
|---|---|---|---|---|---|---|---|---|---|---|
| 强度值(MPa) | 43.4 | 41.1 | 44.2 | 43.4 | 40.6 | 42.6 | 41.4 | 43.0 | 44.2 | 40.6 |

综合试件抗压强度和构件回弹强度,二次衬砌的强度值能够满足工程对混凝土C30的要求。

#### 5.1.2.6 隧道新型 H 形止水带技术

惠清高速公路项目在长山埔 2 号隧道等 11 座隧道二次衬砌环向施工中采用了 H 形止水槽,替代传统设计中通常采用的钢板腻子止水带。H 形止水槽可对流至施工缝迎水面的地下水实现先排后堵,使止水槽在低压甚至无压的状态下止水,取得较好的防水效果。此外,在施工中省去了施作钢筋卡的步骤,操作方便,省工省时,并且能够消除因施工人员经验不足造成的质量差异,极大地提高了施工效率及施工质量。

1) 惠清高速公路项目面临的相关技术问题

渗漏水是隧道最常见的病害,威胁隧道的安全运营,增加隧道的维护费用,影响隧道的整体形象。20 世纪 80 年代前,我国公路隧道主要采用传统矿山法施工,整体式衬砌,由于没有采取完善的防水措施,造成隧道建成后有 1/3 左右的隧道出现了漏水病害。20 世纪 80 年代后,我国隧道施工开始采用新奥法,使隧道的渗漏情况有了一定的改善。隧道的渗漏水主要发生在衬砌段间的施工缝(包括变形缝)上。目前国内二次衬砌施工缝、伸缩缝的防排水普遍采用传统中埋式止水带,根据材质不同可分为钢板腻子止水带、一字形橡胶止水带和背贴式止水带等。

止水带能够很好地将水止于二次衬砌混凝土后,但仍存在以下不足:一是对漏水只堵不排,止水压力大,止水困难;二是造型不佳,安装不便,目前通常采用简易铺挂台架和小型机具手工作业,机械化程度低,防排水设施的施工质量与施工人员的素质密切联系,且质量检验大多靠充气检验和肉眼观察的方式进行,检验可靠性低。技术上的缺陷造成施工困难,使看似完善的设计思想无法被真正落实。

2) 推广应用的技术

排水式快速安装止水槽(又称 H 形止水槽)是一种新型的隧道施工缝用止水材料,可以将流至施工缝迎水面的地下水先排后堵,减小或者基本消除止水槽迎水面的水压,使止水槽在低压甚至无压的状态下止水。其横断面结构如图 5-51 所示。

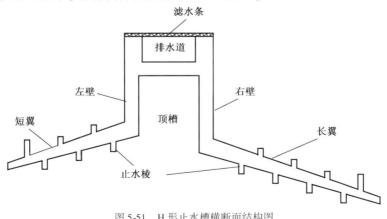

图 5-51 H 形止水槽横断面结构图

止水槽由 H 形框架、位于左右两侧的止水翼（其上有若干止水棱），以及顶部的止浆滤水条构成。H 形框架的上凹口与顶部的止浆滤水条形成排水通道；H 形框架的下凹口供端头模板插入，使止水槽准确就位。止水棱的作用是增加止水带两侧的抗渗阻力，同时增加止水翼的抗拔力，以免施工时止水槽意外脱落。止浆滤水条在衬砌混凝土浇筑时可以阻止水泥浆进入排水通道，而在隧道服务期间，衬砌壁后的渗水经过滤水条的过滤可通过排水通道下排。

排水式快速安装止水槽的合理造型使其安装使用十分方便，安装时只需用衬砌混凝土台车的端头模板插入 H 形框架的下凹槽并直接顶压即可，可以提高施工质量，从而使设计思想得以完全实现。

排水式快速安装止水槽安装步骤如下：

第一步：将止水槽长翼一侧朝向衬砌段的先浇侧。为了使止水槽的结构科学合理，其两侧不对称，安装时需注意其方向性，如图 5-52 所示。

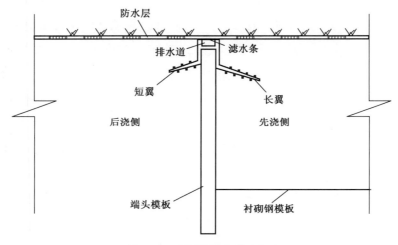

图 5-52　H 形止水槽安装示意图

第二步：按"米"字形沿隧道环向临时固定止水槽，即在几何特征位置插入端头模板。止水槽都是定长生产，而隧道的外轮廓则不尽相同。先临时固定止水槽，可以调整止水槽沿四周的松紧程度，再利用橡胶材料的弹性，便能使止水槽适应隧道轮廓的多种变化。

第三步：连接排水通道和纵向排水管。止水槽的长度留有余量，在止水槽的实际使用长度确定后，截除止水槽下端的多余部分，然后将一段直径 20mm 的排水管一端插入止水带下端的排水通道，引入侧水沟，埋设时保证预埋引水管的排水坡度（图 5-53）。整条止水槽的两个下端都如此处理。

第四步：自下而上逐块插入端头模板并固定牢靠，止水槽即安装完成，如图 5-54 所示。

第五步：衬砌浇筑。衬砌混凝土浇筑时，应注意止水槽止水翼两侧的振捣。止水槽在橡胶材料所具有的恢复自身原有形状属性的驱使下，止水翼即使在浇筑或振捣初期产生些许移位变形,也会很快复位。衬砌混凝土浇筑结束后,隧洞施工缝的防水构造如图 5-55、图 5-56 所示。

图 5-53　H 形止水槽下部的排水构造示意图

图 5-54　H 形止水槽安装现场

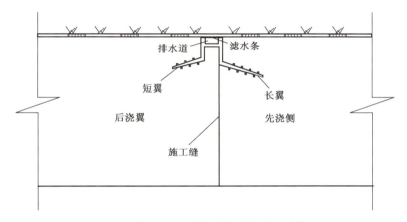
图 5-55　使用 H 形止水槽的隧道施工缝防水构造

图 5-56　使用 H 形止水槽的隧道施工缝防水构造效果图

3)工程应用

惠清高速公路项目长山埔2号隧道穿过构造剥蚀低山地貌区,为小净距分离式隧道,左线隧道起讫里程 ZK88+369~ZK88+865,长496m;右线隧道起讫里程 YK88+385~YK88+875,长490m。隧址区地下水类型为第四系松散层孔隙水及基岩裂隙水,分别赋存于坡残积层、基岩岩层中,水位埋深随季节变化,水量受基岩裂隙发育程度影响,局部可能富集。地下水以大气降雨补给为主,以蒸发、侧向径流为主要排泄方式。

为从根本上减少因隧道渗水造成的病害,经过对施工现场多方面的数据采集调研(隧道位移、隧道涌水量观测、结构面渗水走向、雨季地表水观测等),在听取专家、一线工人的意见并进行仔细对比分析后,将长山埔2号隧道二次衬砌环向施工缝原设计的钢板腻子止水带替换为排水式快速安装止水槽。

使用排水式快速安装止水槽的经济效益见表5-10。

经济效益表　　　　　　　　表5-10

| 技　术 | 材料成本 | 使用量 | 人工工时 | 人工成本 | 造　价 |
|---|---|---|---|---|---|
| 传统技术 | 100元/m | 2460m | 1640工时 | 25元/h | 287000元 |
| 本项技术 | 200元/m | 2460m | 328工时 | 25元/h | 500200元 |
| 直接经济效益 | | | | | -213200元 |
| 技　术 | 养护成本 | | 养护周期 | | 费　用 |
| 传统技术 | 10万元/年 | | 10年 | | 100万元 |
| 本项技术 | — | | 10年 | | — |
| 间接经济效益 | | | | | 100万元 |

(1)材料成本:以隧道中每12m设置一环二次衬砌施工缝计算,本隧道共有施工缝(496/12+490/12)82道。以每道施工缝使用止水带/H形止水槽30m计算,共需止水带/H形止水槽2460m。传统止水带100元/m,H形止水槽200元/m。则使用H形止水槽增加造价(200-100)×2460=246000元。

(2)安装成本:每一环二次衬砌施工缝使用传统止水带,需4个工人5h完成安装,全隧道施工共需4×5×82=1640工时;使用H形止水槽,需2个工人2h完成安装,全隧道施工共需2×2×82=328工时。使用H形止水槽可节约1640-328=1312工时。以每人每日工作8h支付200元计,共节约造价200/8×1312=32800元。

(3)养护成本:H形止水槽能有效解决隧道施工缝渗水漏水等严重问题,可以有效预防病害,每年节约养护费用约10万元。

综上,使用H形止水槽,虽然在材料成本上有所提高,但能显著降低安装成本和养护成本。以10年为周期计算,使用H形止水槽可节省费用约80万元。

#### 5.1.2.7 活性粉末混凝土技术

惠清高速公路项目全线隧道水沟盖板采用活性粉末混凝土制作。活性粉末混凝土(Reactive Powder Concrete,简称 RPC)强度高,质量轻。在相同的设计强度下,RPC 用量仅为普通混凝土的 1/3~1/2 左右,可有效减轻盖板质量,易于搬运,极大方便了运营的维护和检测。

1)惠清高速公路项目面临的相关技术问题

盖板是隧道工程中覆盖在排水沟、电缆沟(槽)之上,用来保护沟槽并承载人、车通行的结构物。盖板的常见材质有钢筋混凝土材料、低碳钢材料、不锈钢材料等。在国内以往的隧道工程应用中,一般使用普通水泥混凝土来制作盖板。

惠清高速公路项目全线共设置隧道 16 座,单洞累计长度达 42314.8m。由于高速公路交通量大、重载车多,为保障沟槽结构的承载力,盖板必须具有高承重强度,如使用传统的混凝土浇筑,则成型的盖板较为笨重,会给工程养护及检修人员带来一定困难。此外,养护工人搬抬盖板,经常会发生磕碰、磨损,一定程度上加速了盖板的损耗,使盖板的实际使用寿命远低于预期。

2)推广应用的技术

活性粉末混凝土是一种力学性能、耐久性能都非常优越的新型建筑材料。它是以级配石英细砂为集料,掺入水泥、大量硅灰等矿物掺合料、石英粉(或河砂)、高效减水剂和微细钢纤维(使薄弱的界面得到大幅度加强,断裂能提高两个数量级以上),采用热养护等硬化方法制成的一种高强度、高韧性、低孔隙率的混凝土材料。

从工程应用角度来看,活性粉末混凝土材料具有四大显著优势:

(1)活性粉末混凝土可以有效减轻结构物的自重。

活性粉末混凝土具有很高的抗压强度和抗剪强度,在结构设计中可以采用更薄的截面或具有创新性的截面形状,从而使结构自重显著低于普通混凝土结构。

(2)活性粉末混凝土可以大幅度提高结构物的耐久性。

活性粉末混凝土材料减小了界面过渡区的厚度与范围。集料粒径的减小,使其自身存在缺陷的概率减小,从而整个基体的缺陷也减少。活性粉末混凝土十分密实,孔隙率极低,不但能够阻止放射性物质从内部泄漏,而且能够抵御外部侵蚀性介质的腐蚀,从整体上提高体系均匀性、强度和耐久性。活性粉末混凝土制品经反复搬运、摆放也不易发生掉角、开裂、破边,极大减少或免除了维护费用,延长了构件使用寿命。

(3)活性粉末混凝土具有高强度、高安全性和可靠性。

活性粉末混凝土材料强度等级高,抗冲击能力强,断裂韧性比普通混凝土高百倍以上,产品具有很高的安全性和可靠性。材料高韧性和自重的减轻有利于提高结构物的抗震和抗冲击性能,且活性粉末混凝土材料的耐高温性、耐火性,以及抗腐蚀能力远远高于钢材。

(4)活性粉末混凝土具有良好的环境保护性能。

在相同承载力条件下,活性粉末混凝土材料的水泥用量几乎是普通混凝土的1/2,因此同等量水泥生产过程的 $CO_2$ 排放量也只有一半左右,生产中不可再生的自然资源集料用量只占30MPa混凝土的1/4。

3)工程应用

采用活性粉末混凝土材料制作隧道边沟盖板,可大大减轻盖板重量,提高盖板的耐久性,减轻安装难度,同时由于其具有较高的抗拉强度,并且在设计时留有了足够的富余量,可保证在使用过程中构件不开裂,整体性好,能够很好地满足构件的使用性能和耐久性。基于以上原因,惠清高速公路项目全线隧道盖板都采用 RPC 预制。

本技术参考相关标准及惠清高速公路项目设计文件要求,有针对性地提出了高速公路隧道 RPC 盖板的技术指标要求,经过配合比设计研究和盖板构件养护工艺研究,将活性粉末混凝土材料(RPC)应用于惠清高速公路项目全线16座隧道,有效解决了高速公路隧道盖板笨重、不利于检修和维护的问题。RPC 隧道水沟盖板生产如图5-57所示,RPC 隧道水沟盖板应用如图5-58所示。

## 5.1.3 桥梁工程

### 5.1.3.1 钢-UHPC 装配式轻型组合梁桥设计施工技术

1)惠清高速公路项目面临的相关技术问题

装配化是桥梁工业化的主要特征,也是我国建设领域"十三五"期间转型升级与战略产业的发展方向。2016年9月,国务院印发《国务院办公厅关于大力发展装配式建筑的指导意见》,力争10年内使装配式建筑占新建建筑的比例达到30%;2016年7月,交通运输部印发《交通运输部关于推进公路钢结构桥梁建设的指导意见》,指出要大力推进钢结构桥梁建设标准化设计、工业化生产、装配化施工,提升桥梁工程的质量品质。

中小跨径装配式桥梁在我国桥梁建设中具有举足轻重的地位。截至2017年底,全国公路桥梁达到83.25万座,其中中小跨径桥梁73.61万座,占比达88.4%。推动装配式中小跨径桥梁的发展,对推动桥梁施工方式变革、提高工程质量、缩短工期、减小劳动强度、降低造价、节能环保等具有重要意义。

装配式桥梁目前主要有装配式混凝土梁(空心板、T形梁、小箱梁等)、装配式钢-混凝土组合梁、装配式钢箱梁等三大类型。

图 5-57 RPC 隧道水沟盖板生产

图 5-58 RPC 隧道水沟盖板应用

第 5 章 惠清高速公路项目绿色建筑技术与管理创新

装配式预应力混凝土桥梁具有结构简单、受力明确、造价低廉、架设方便等优点,在桥梁结构中得到了一定程度的应用,但由于普通混凝土材料抗拉强度低、收缩徐变大,在车辆荷载长期作用下,梁体容易产生裂缝,桥面渗水侵蚀主梁,耐久性大打折扣。对于常见的预制混凝土桥梁形式,在上跨河流、公路时,受通航、通车对桥下净空和桥头高程的限制,往往需要降低桥梁结构建筑高度,而普通混凝土结构桥梁建筑高度的降低则意味着要降低主梁或腹板高度,而这对于桥梁结构是不安全的。因此,如何在降低桥梁高度的同时保证桥梁结构的安全性和耐久性,一直是设计人员长期面临的技术难题。尽管现有文献中已经给出了一些解决方案,但均存在结构复杂、造价高、施工困难或桥梁高度降低幅度有限等各种问题。现中小跨径桥梁上应用广泛的普通混凝土预制梁桥,其主要问题包括(图5-59):

(1)多采用预应力形式,由于存梁时长不一,相邻梁体间反拱度偏差造成的施工误差不易控制;

(2)普通混凝土抗拉强度低,开裂风险大;

(3)梁间接缝纵向开裂、腹板开裂、混凝土碳化、桥面渗漏水、钢筋锈蚀等耐久性病害突出。

a)横隔板底部钢筋竖向弯折后连接

b)横隔板顶部钢筋平面弯折后连接

c)梁端连接、预应力筋管道定位处理麻烦

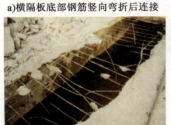
d)车轴碾压下桥面板破损

e)桥面板板底开裂

f)T形梁铰缝处渗漏水、钢筋锈蚀

图5-59 预制T形梁在施工及运营期间常见病害

一般而言,装配式钢-混凝土组合梁可充分利用钢材受拉的性能、混凝土受压的性能,但在负弯矩区域会产生混凝土受拉、钢梁受压的不利情况。在正常使用阶段,混凝土桥面板易开裂,会降低组合梁刚度,影响结构的安全性和耐久性。对于施工性能而言,装配式钢-混凝土组合梁中桥面板为部分预制,浇筑桥面板接缝工作量大,现场施工工作量大,如图5-60所示。

至于装配式钢箱梁,自重轻,装配化率高,但现场焊接量较大,且目前钢箱梁普遍采用传统的正交异性钢桥面系。多年的使用情况表明,正交异性钢桥面系存在两大难题:一是正交异性钢桥面板易出现疲劳裂缝,二是钢桥面铺装极易损坏。我国的桥面铺装损坏现象十分普遍,已成为钢桥的通病,许多钢桥在通车不到两年时间里桥面铺装即出现严重的开裂、局部推移、坑槽和车辙等结构性病害,后期维护费用高,如图 5-61、图 5-62 所示。

图 5-60　钢-混凝土组合梁桥面板部分预制,现场浇筑桥面板接缝

a)面板裂缝　　　　　　　　　　　　　　b)纵肋与面板焊接处裂纹

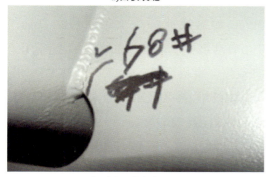 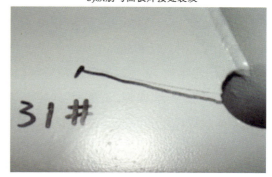

c)纵肋与隔板焊接处裂纹　　　　　　　　d)横隔板撕裂纹

图 5-61　钢桥面结构疲劳裂缝

总体而言,现有中小跨径桥梁结构体系在结构轻型化、减少现场施工工作量、提高耐久性、降低全寿命周期费用等方面有较多改进空间。而目前的传统中小桥桥型结构已经趋于成熟,其发展依赖于新材料的应用及新型结构的开发。

a) 铺装层开裂

b) 铺装层推移

c) 铺装层坑槽

d) 铺装层车辙

图 5-62　钢桥面铺装层病害

2) 开展的研究和应用

超高性能混凝土(Ultra-High Performance Concrete，UHPC)是一种纤维增强水泥基复合材料，其抗压强度超过 150MPa，抗拉强度超过 7MPa。超高性能混凝土包含两个方面"超高"——超高的耐久性和超高的力学性能。UHPC 与普通混凝土或高性能混凝土不同的方面包括：不使用粗集料，必须使用硅灰和纤维(钢纤维或复合有机纤维)，水泥用量较大，水胶比很低。其组成材料为：水泥、石英砂、硅灰、石英粉、细钢纤维、高效减水剂等，最大集料粒径为 600μm。通过提高组分的细度与活性，使材料内部的缺陷(孔隙与微裂缝)减至最少，以获得由其组分材料所决定的最大强度及优异的耐久性。钢纤维阻碍了混凝土内部微裂缝的扩展，能使混凝土表现出良好的塑性特征。UHPC 的配制原理是基于最大堆积密度理论，其组成材料中不同粒径颗粒以最佳比例形成最紧密堆积，同时掺加微细的钢纤维提高其韧性和延性。在施工性能方面，UHPC 具有优异的和易性，易于施工操作且保证均匀密实。活性粉末混凝土(Reactive Powder Concrete，RPC)作为 UHPC 材料的突出代表，其构件具有结构自重较小、设计自由度大、韧性好、耐久性高、符合可持续发展等优点，如图 5-63 所示。UHPC 与普通混凝土的主要性能指标对比见表 5-11。

a) UHPC(RPC) 的组分

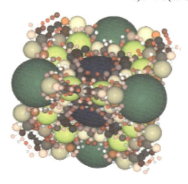 

b) 最大密实度理论级配　　　c) 和易性(水胶比0.16)

图 5-63　UHPC 性能

**UHPC 与普通混凝土的主要性能指标对比**　　表 5-11

| 混凝土种类 | UHPC | 普通混凝土 | UHPC/普通混凝土 |
|---|---|---|---|
| 抗压强度(MPa) | 170~230 | 20~50 | 约 4 倍 |
| 抗折强度(MPa) | 30~60 | 2~5 | 约 10 倍 |
| 弹性模量(GPa) | 40~60 | 30~40 | 约 1.2 倍 |
| 材料断裂韧性(kj/m$^2$) | 20~40 | 0.12 | 约 200 倍 |
| 徐变系数 | C.29~0.31(蒸汽养护) | 1.3~2.1 | 约 20% |
| 氯离子扩散系数(m$^2$/s) | $0.02 \times 10^{-12}$ | $1.1 \times 10^{-12}$ | 约 1/50 |
| 冻融剥离(g/cm$^2$) | 7 | >1000 | 约 1/140 |
| 吸水特征(kg/m$^3$) | 0.2 | 2.7 | 约 1/13 |
| 磨耗系数 | 1.3 | 4.0 | 约 1/3 |

若将采用 RPC 材料的 UHPC 应用于高速公路桥梁结构,则可以更加充分地发挥材料的优异性能,大大减轻桥梁结构自重,降低施工难度,减小基础工程量,提高结构耐久性,减轻后期管养难度,增大简支梁的跨越能力。具体表现在:

(1)发挥材料高性能。采用 UHPC 建造梁式桥梁,材料的超高抗压性能足够,UHPC 的抗拉强度相对较低,通过采取相应措施(如受拉区强配筋、设置钢板形成钢-UHPC 组合结构),其利用效率较低的问题在以受弯为主的梁桥结构上可以得到解决。

(2)结构自重轻,可以减小下部结构工程量。采用 UHPC 材料建造梁式桥,与普通梁式桥相比,主梁自重有将近 40%~50%的减轻,下部基础工程量可大大减小。

(3)现场施工时间缩短,工厂标准化施工,质量易于保证。该梁式桥的主梁、横向联系及 UHPC 华夫板桥面系均可在工厂标准化施工,而且这些构件钢筋配置量少,甚至不设置,大大简化了施工;其他现场施工仅包括主梁吊装就位,对横向联系采用 UHPC 湿接缝施工,最后对桥面系进行施工即可。整体上,现场施工工作量少,施工迅速,质量易于保证,对交通影响小。

(4)结构耐久性优势突出,全寿命周期费用明显降低。UHPC 除强度性能之外的突出优势是耐久性,RPC 的超密实微观结构能够抵御自然界中各种有害物质的侵蚀,如韩国的仙游人行桥和奥地利的 WILD 桥(均为拱桥)的设计寿命就是 200 年。采用 RPC 材料的梁式桥耐久性高,几乎没有混凝土碳化、氯离子侵蚀、碱集料反应、钢筋锈蚀、混凝土剥落等常见普通混凝土桥病害,后期检测、养护费用超低。尽管 UHPC 梁式桥前期建造费用投入一般要大于普通混凝土梁式桥,但考虑其后期养护费用非常低,而且设计寿命至少是普通梁式桥的 2 倍,因而从全寿命设计(life-cycle cost,LCC-based design)这一角度考虑,UHPC 桥梁在耐久性、全寿命周期费用上有突出的优势。

(5)事故发生风险大大降低,后期养护简单、快速,更换构件快速,交通干扰少。由于 UHPC 桥梁具备的超高力学性能、结构轻型化、超高耐久性能,后期的管养、构件更换均比较简单,发生桥梁垮塌的安全风险也大大降低。

(6)其他。UHPC 桥梁采用工厂化全预制施工、现场吊装施工,除了在质量控制上有突出优势,也有利于控制环境污染,减少劳动力投入,是可持续发展的、名副其实的绿色建筑。

(7)超高性能、快速化、工厂化、全预制拼装式桥梁是未来发展趋势。如何快速、高效、低能耗地建成桥梁是工程人员面临的重大挑战,采用超高性能材料的 UHPC 桥梁结构,在超高性能、快速化施工、工厂化预制、现场全预制拼装方面正是迎合这一未来发展趋势,在高速公路桥梁建设中大有可为。

鉴于 UHPC 桥梁上述优异的性能,UHPC 结构已成为发达国家研究及应用的重要方向,并逐渐向中小桥梁方向发展。大量工程实例已充分证明了基于 RPC 材料的 UHPC 桥梁的适应性和优越性。在不久的将来,随着对 UHPC 桥梁的进一步研究与改进,其性能优异、施工便捷、效益显著、维护量小、绿色环保等优点必将使此类结构成为我国交通建设中的重要结构形式,成为传统中小跨径钢筋混凝土或圬工桥梁的一种经济、实用的替代品,并能够在大跨度桥梁结构上有较大发展。

研究克服上文中提到的不足和缺陷,采用性能优异的超高性能混凝土,充分利用UHPC材料抗压强度高、抗拉性能好,UHPC构件结构自重小、设计自由度大、韧性好、耐久性高、符合可持续发展等优点,提出一种自重轻、跨度适中、可不设置预应力、耐久性好、全寿命费用低的钢板梁-UHPC装配式"π"形梁单元,并由该梁单元、UHPC横隔板及上浇的纵横向UHPC湿接缝构成装配式轻型组合梁结构,如图5-64所示。

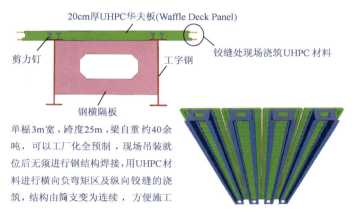

图5-64 钢板梁-UHPC装配式轻型组合梁结构图

以上全预制钢-UHPC轻型组合梁桥,是一种在常规双钢板梁结构上浇筑超高性能混凝土(UHPC)板的组合结构,两者间通过焊接栓钉连接形成。相邻两桥面板间设置纵向接缝,相邻跨墩顶设置横向接缝。由于自重轻,其可实现整跨吊装,施工现场仅需浇筑纵横向接缝,可采用现有的施工设备和施工工艺,无须增加新的设备投入,施工方法简便、快捷,施工期间对城市交通影响小,施工效率高,因此有着广泛的应用前景。

钢UHPC轻型组合梁桥结构(图5-65)主要特点如下:

①通过栓钉将钢板梁和UHPC桥面板紧密连接成组合结构共同受力,利用了UHPC在负弯矩区的抗拉裂性能和正弯矩区的强抗压能力,通过钢板梁抵抗组合结构的正、负弯矩作用。

②与传统钢板梁-普通混凝土组合梁桥结构相比,钢-UHPC轻型组合梁自重减轻,25m跨度时,可以两片梁体结合形成3m宽"π"形梁,结构自重仅为40余吨,现场吊装施工方便。

③梁高为跨度1/25~1/20时,较一般钢板梁-普通混凝土组合梁桥的梁低,可以适应城市及高速公路立交工程对净空的严苛要求。

④组合结构不存在繁杂的预应力张拉,设计简单,现场无须进行钢板焊接工作。

⑤单榀"π"形梁吊装完成后,对纵缝及支点横隔板进行UHPC材料浇筑即可实现结构简

支变连续,而且由于 UHPC 材料的高抗弯拉能力及高致密性,负弯矩区的开裂问题、渗漏水问题能够得到很好的改善。

⑥桥面板采用超高性能混凝土,耐久性好,可以实现零维护,由于 UHPC 桥面板抗裂能力强,可确保无水渗出污染下部钢板梁,便于维护。

⑦跨径适应能力强,初步研究表明,20~50m 跨径均可较好适应。

⑧造价比全钢结构梁桥便宜 500~1000 元/$m^2$ 以上。

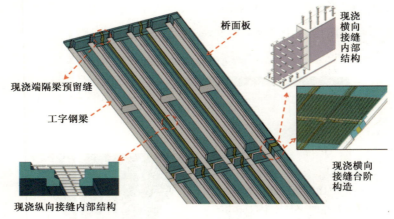

图 5-65  双钢板梁结构上浇筑超高性能混凝土(UHPC)板应用

3)工程应用

该技术应用的依托工程位于惠清高速公路项目主线 K65 + 520~K66 + 875 段,桥梁中心里程桩号为 GK0 + 125.378,设计桥孔和跨径为 4 × 25m,上部结构采用预制钢-UHPC 组合 π 形梁,下部结构采用柱式墩、柱式台及桩基础。设计标准如下:

①汽车荷载:公路 Ⅰ 级。

②桥梁宽度:0.5m(护栏)+7.0m(行车道)+0.5m(护栏)= 8.5m。

③设计安全等级:一级,桥梁结构重要性系数取 1.1。

④结构设计基准期:100 年。

⑤桥面横坡:2%。

(1)钢-UHPC 组合梁方案优选分析。

①墩顶连续方案优选分析。

一般而言,中小跨径的梁式桥有简支和连续两种结构体系,在公路桥梁中应用均很普遍。

简支梁桥是梁式桥中应用最早、最广泛的一种桥型。由于其构造简单、施工方便、能适应较大的不均匀沉降,在中小跨径桥梁中得到了广泛应用。早期,每孔间均设置桥面伸缩缝,桥梁较长时,不仅缝多,且缝宽受混凝土收缩、徐变、温差、荷载等因素影响而不断发生变化,导致行车颠簸不适。20 世纪 70 年代末期提出了"桥面连续简支梁桥"方案,以期在发挥简支梁桥优点的基础上,保证行车平稳、舒适的效果。简支桥面连续方案一经推出,就广泛应用于空心板、T形梁、小箱梁等主要预制桥型中。

众所周知,简支梁桥有其经济适用跨径,随着跨径的增大,简支梁桥中弯矩迅速增加,需要更大的结构尺寸来抵抗作用效应,而其中恒载效应占了大部分,使结构效率降低,造价增加。而结构连续体系由于支点负弯矩区的存在,有效减少了跨中正弯矩效应,将弯矩有效分布到全跨更大的范围,提高了结构抵抗弯矩的效率,可有效减少结构尺寸,降低结构造价。连续体系也广泛应用在T形梁、小箱梁等预制桥型中,表现为先简支后结构连续的形式。

下面将从经济性、施工性、耐久性等方面对简支(桥面连续)与连续(先简支后结构连续)体系进行详细比选和分析。

a. 经济性。

为了对比桥面连续和结构连续的方案经济性,控制两种方案在设计荷载下的钢梁应力水平相同(同等安全度)和梁高相同,分别拟定桥面连续和结构连续的钢-UHPC轻型组合梁方案,统计其主要经济指标见表5-12。由表可见,在相同的安全度下,由于组合梁负弯矩区对跨中正弯矩区的卸载作用,结构连续方案的主梁用钢量仅为桥面连续方案的83.3%,节省了16.7%,进而导致结构连续方案与桥面连续方案相比具有10%左右的造价优势。

**桥面连续、结构连续方案经济性比选表** 表5-12

| 方案名称 | 桥面连续 | 结构连续 |
| --- | --- | --- |
| 基本组合钢梁应力(MPa) | 210 | 209 |
| 主梁用钢量($kg/m^2$) | 180(100%) | 150(83.3%) |
| UHPC用量($kg/m^2$) | 340(100%) | 340(100%) |
| 上部结构自重($kg/m^2$) | 520(100%) | 490(94.2%) |
| 上部主体结构估算单价($元/m^2$) | 3100(100%) | 2800(90.3%) |
| 备注:主梁配筋UHPC 10000元/$m^3$;钢材10000元/t。 | | |

b. 施工性。

先简支后结构连续梁桥是通过简支方式进行架设,然后将各梁墩顶处结构连续的桥梁。而简支梁桥面连续是通过简支方式架设,在墩顶处设置UHPC桥面连续构造。与桥面连续方案施工的4个施工工艺相比,先简支后结构连续方案有5个施工步骤,增加了一个体系转换的施工过程。但与常规结构相比,取消了负弯矩预应力筋张拉的工序,现场可做到零焊接,施工仍较简单。总体而言,桥面连续方案的施工性要好于先简支后结构连续方案,而钢-UHPC组合梁负弯矩区湿接缝取消了预应力张拉工序,施工也得到了明显地简化,现场作业量少,工期较短。桥面连续、结构连续方案施工工艺对比见表5-13。

桥面连续、结构连续方案施工工艺对比表　　表 5-13

| 工艺序号 | 桥面连续 | 结构连续 |
|---|---|---|
| 1 | 施工准备 | 施工准备 |
| 2 | 梁体预制 | 梁体预制 |
| 3 | 梁体运输及吊装 | 梁体运输及吊装 |
| 4 | 墩顶 UHPC 桥面连续浇筑 | 墩顶 UHPC 湿接缝浇筑 |
| 5 | — | 结构体系转换、拆除临时支座 |

c. 耐久性。

常规钢-混凝土组合梁负弯矩区混凝土开裂问题会影响结构的安全性和耐久性,而负弯矩区采用 UHPC 后,可充分利用 UHPC 弯拉韧性和耐久性,能够解决组合梁负弯矩区混凝土易开裂的难题,耐久性良好,后期有望免维护。在反复荷载作用下,常规桥面连续构造易开裂,后期需定期维护,而采用 UHPC 后,可充分利用 UHPC 弯拉韧性和耐久性,对结构耐久性几乎没有影响。总体而言,采用 UHPC 技术后,结构连续方案和桥面连续方案均具有良好的耐久性,可减少后期管养工作量。

d. 综合对比结论。

从前述对比分析可以看出,与桥面连续方案相比,结构连续方案具有较大的经济优势,上部结构造价可节省 10% 左右。两种方案均具有良好的耐久性。而在施工性能方面,结构连续方案的施工工艺增加了体系转换过程,但现场仍可实现零焊接,无须张拉预应力筋,可实现快速化施工,对结构的整体工期影响不大。综合考虑经济性、施工性和耐久性,优选推荐采用结构连续方案。

②横向布置优选分析。

目前,钢-混凝土组合梁从断面布置来看,主要包括少主梁体系和多主梁体系。其中,无加劲、无横梁的多主梁钢板组合梁的主梁间距小,能有效降低梁高和桥台桥坡高度,减少了引桥工程量,降低了工程成本。而且工字梁腹板较矮,无须加劲,可有效利用钢梁截面,避免失稳。相比于少主梁体系,无加劲、无横梁的多主梁钢板组合梁运用较少,且对于中小跨径规模下的多主梁钢板组合梁的合理截面形式尚未形成共识。

结合工程的实际情况,并综合考虑结构受力和施工性能,下面从经济性和施工性两个方面对比了四主梁方案(图 5-66)和六主梁方案(图 5-67)。

a. 经济性。

为了对比四主梁方案和六主梁方案的经济性,控制两种方案在设计荷载下钢梁应力水平相同(同等安全度)及轮载作用下 UHPC 桥面板的抗裂安全度相同,分别拟定四主梁和六主梁方案,统计其主要经济指标见表 5-14。由表可见,在相同安全度下,与四主梁方案相比,六主梁方案的用钢量增加约 15%,但 UHPC 用量减少约 26%,结构自重减少约 17%,综合来看,六主梁方案上部结构具有节省近 10% 的造价优势。

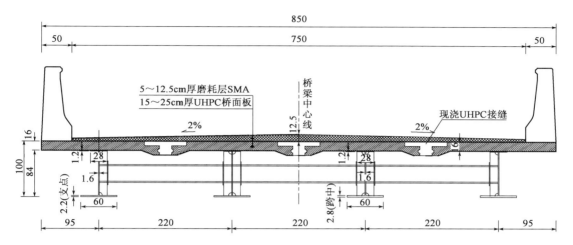

图 5-66 四主梁方案标准断面(尺寸单位:cm)

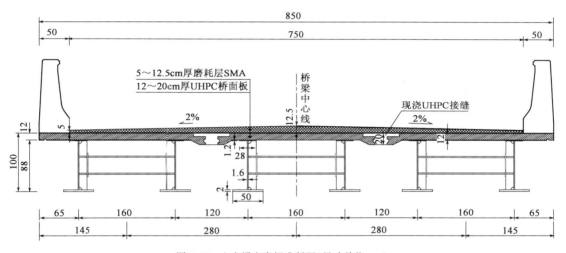

图 5-67 六主梁方案标准断面(尺寸单位:cm)

四主梁、六主梁方案经济性比选表　　　　表 5-14

| 方案名称 | 四主梁 | 六主梁 |
| --- | --- | --- |
| 基本组合钢梁应力(MPa) | 205 | 209 |
| 轮载作用下桥面板抗裂安全度 | 3.01 | 2.93 |
| 主梁间距(m) | 2.1 | 1.6(1.2) |
| 主梁用钢量($kg/m^2$) | 130(100%) | 150(115.4%) |
| UHPC 用量($kg/m^2$) | 460(100%) | 340(73.9%) |
| 上部结构自重($kg/m^2$) | 590(100%) | 490(83.1%) |
| 上部主体结构估算单价(元/$m^2$) | 3100(100%) | 2800(90.3%) |
| 备注:主梁配筋 UHPC 10000 元/$m^3$;钢材 10000 元/t。 | | |

b. 施工性。

钢-UHPC 轻型组合梁预制施工方式如下:钢梁在钢梁加工厂加工后,运输至示范点就近的预制梁厂,在预制梁厂内完成 UHPC 桥面板的浇筑和养护,再将钢-UHPC 组合梁预制单元运至桥位吊装就位。该方案依托工程为惠清高速公路项目主线的跨线桥,施工时,主线尚未通车,预制梁可通过主线路基运输至桥位,运输条件良好。结合项目具体情况,对四主梁和六主梁方案的施工性进行比选,见表5-15。由表可见,预制单元长约25m,宽度为2.4~3.1m,预制单元的运输尺寸与既有主线项目预制梁尺寸相当,若就近选择预制梁厂,四主梁和六主梁方案均可满足运输条件。与四主梁方案相比,六主梁方案的预制单元数量可减少4片,即可减少运梁车的4台班;纵向 UHPC 湿接缝的数量可减少1道,可减少现场施工作业量和结构受力薄弱点;吊装重量虽增加了5t,但总吊装重量不超过40t,施工已有吊装设备可满足吊装要求。

**四主梁与六主梁施工性比较表**　　　　　　　　　表5-15

| 方案名称 | 四主梁方案(T形梁) | 六主梁方案(π形梁) |
| --- | --- | --- |
| 预制单元数量 | 16(4×4) | 12(4×3) |
| 预制单元宽度(m) | 2.4 | 3.1 |
| 预制单元长度(m) | 25 | 25 |
| 吊装重量(t) | 31 | 36 |
| 运输 | 属于超限车辆,远距离运输需申请,若就近选择预制梁厂,可利用惠清高速公路项目主线良好的运输条件,满足运输要求 | |
| UHPC 现浇湿接缝数 | 3 | 2 |
| 施工稳定性 | 预制T形梁稳定性较差,需焊接临时斜撑 | 预制π形梁稳定性好 |

c. 综合对比结论。

由上述分析可以看出,在钢梁应力水平相同(同等安全度)和轮载作用下 UHPC 桥面板的抗裂安全度相同的条件下,与四主梁方案相比,六主梁方案的结构自重减少约17%,单价减少约7%。若就近选择预制梁厂,四主梁和六主梁方案均可满足运输和吊装的要求。另外,与四主梁方案相比,六主梁方案的预制单元数量可减少4片,纵向 UHPC 湿接缝的数量可减少1道,可减少现场施工作业量和结构受力薄弱点。因此,综合考虑结构的受力性能、经济性能和施工性能,施工图设计主梁断面推荐采用六主梁(三个"π")方案。

(2)钢-UHPC 组合梁施工图设计。

依托工程——麻埔停车区跨线桥为先简支后结构连续的钢-UHPC 轻型组合π形梁,全桥四跨一联,共长100m。桥梁断面全宽8.5m,横向由3片全预制钢-UHPC 组合π形梁组成,单片π形梁标准宽度为2.8m。梁高100cm,其中 UHPC 桥面板厚12cm,工字梁高88cm,标准断面如图5-68所示。

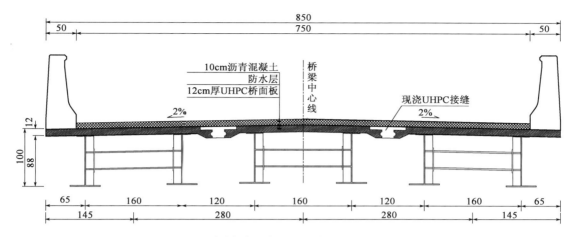

图 5-68 麻埔停车区跨线桥标准断面(尺寸单位:cm)

①钢梁设计。

工字形钢梁主要由上翼缘板、腹板、下翼缘板焊接组成。工字梁采用 Q345D 钢,上翼缘宽 280mm,厚 12mm;腹板高 840～848mm,厚 16mm;下翼缘宽 500mm,厚 20mm。在跨中钢-UHPC 组合 π 形梁内,设置 H 形断面小横梁,高 300mm,翼缘宽 280mm,腹板、翼缘板厚 12mm。综合考虑景观效果和焊接工作量,钢腹板不设置竖向加劲肋及水平加劲肋,按照《公路钢结构桥梁设计规范》(JTG D64—2015)第 5.3.3 条进行验算,腹板高厚比满足规范局部稳定要求。

②UHPC 桥面板设计。

UHPC 桥面板上不设调平层,桥面板全为预制结构,可提高混凝土板与钢梁的组合效率,充分利用组合梁简支状态下钢结构受拉、混凝土受压的材料特性。同时,没有后浇调平层,可减少现场工作量,提高施工效率。预制板横向划分为 A、B 两类板,每片板内均含有 2 片工字梁。A 类预制板宽 275cm,B 类预制板宽 260cm。预制板标准厚度为 12cm,接缝处局部加高至 20cm。

③剪力钉设计。

UHPC 桥面板和钢主梁通过剪力钉连接。剪力钉规格为 22×80mm,纵桥向间距为 15cm,单个工字梁上翼缘横向布置 2 列。

④组合梁墩顶负弯矩区设计。

组合梁墩顶负弯矩区承担巨大的剪力与弯矩,是确保组合梁桥结构安全的关键构造,且组合梁负弯矩区上缘混凝土板易出现开裂问题,从而影响结构的安全性和耐久性。结合技术特点和实际情况,为满足施工便捷、造价经济的要求,示范工程采用如图 5-69 所示的负弯矩"T"形接缝方案。该构造具有如下特点:上缘带槽口的"T"形接缝,其中设置槽口的目的主要是将纤维不连续的薄弱面设置在低拉应力区并通过槽口阻滞现浇 UHPC 的收缩;通过嵌入式的钢板和剪力钉增强现浇 UHPC 与预制钢梁的连接作用。

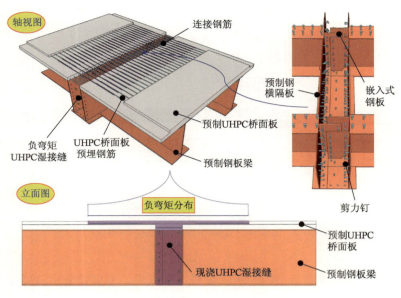

图 5-69　组合梁墩顶负弯矩区构造示意图

#### 5.1.3.2　基于超吸水性聚合物内养护的桥梁混凝土技术

1）惠清高速公路项目面临的相关技术问题

广东省地处中国大陆南部,自南向北分别属热带气候和亚热带气候,区域经济和交通发达,珠三角地区已形成较为完善的高速公路网。珠三角地区与粤北山区过渡地带北高南低,丘陵沟壑纵横,河流遍布,地质复杂,桥隧比高,区域内桥梁、隧道等大型构造物占高速公路总里程的50%以上。在广东省重载、超载交通及夏季高温多雨气候的长期综合影响下,桥梁、隧道构造物混凝土常过早出现开裂,进而导致桥梁混凝土钢筋锈蚀,整体稳定性下降,隧道初期支护及二次衬砌混凝土出现脱空、掉块等安全隐患。究其原因,主要是桥梁及隧道混凝土材料的抗裂性能难以满足现代交通的需求。因此,基于先进的理念,寻求前沿性的现代技术以提升区域内桥梁、隧道混凝土的材料质量,是从根本上解决抗裂性问题的有效途径。

混凝土在成型期产生的早期裂缝是引起混凝土各类病害、使其耐久性下降的主要原因之一,其由非荷载因素造成(环境温湿度变化或内因导致的混凝土收缩)。这些早期裂缝在后期荷载及环境的双重作用下将进一步扩展,产生宏观裂缝,随之引发构造物腐蚀、钢筋锈蚀甚至外露等弊病,对桥梁、隧道构造物的耐久性及结构稳定性极为不利。桥梁主梁湿接缝及整体化层开裂,严重时可能会反射至沥青面层,导致桥梁病害发生,同时,水分及侵蚀性物质随裂缝进入混凝土内,引起主梁配筋锈蚀、失稳。横隔板的作用在于分配桥梁主梁横向力,若其开裂受损,必将造成桥梁局部应力集中,抗扭刚度下降等问题。目前,主要通过早期保湿养护(蓄水、洒水、喷雾)、化学养护(喷射养护剂)、升温及降温养护、添加外加剂(膨胀剂、减缩剂等)、提高粉煤灰掺量等方式,缓解桥梁、隧道构造物混凝土的早期收缩开裂。但上述方法难以从根本上解决混凝土早期开裂问题,同时存在养护不彻底、减缩不及时、强度降低等弊端,不仅在建设期耗费人力物力,且后期因不断维修养护造成的经济损失、环境污染、交通堵塞等不良社会影响将不可估量。

2)开展的研究和应用

针对桥梁、隧道构造物混凝土各类减缩措施存在的问题,惠清高速公路项目借鉴国外先进理念及技术,从美国引进混凝土养护减缩新技术——超吸水性聚合物(简称SAP)内养护技术。SAP内养护是指在水泥混凝土中加入SAP,即一种含有强亲水基团的新型高分子材料,其具有蓄水自发性、释水及时性、无污染且造价低廉等优良特性,并可通过化学键的方式与水结合。在水泥石内部相对湿度下降时,在自身与水泥石间离子浓度差的作用下及时将所蓄水分释放并输送至混凝土中,补充水分消耗,使混凝土内部湿度能保持在较高水平以继续水化。同时,SAP的"智能化"吸水-释水特性可促进混凝土水化进程的稳序进行,达到延缓水化热峰值出现时间的效果。再者,在合理设计的前提下,SAP释水后的残留孔隙对混凝土强度的影响微乎其微。如上所述,SAP内养护材料(吸液状态如图5-70和图5-71所示)的加入可解决常规外部养护对桥梁、隧道混凝土早期减缩防裂效果不佳的难题,不仅能够从根本上实现高效减缩,同时能够大幅提高混凝土材料的水化程度,以提升整体稳定强度及耐久性。此外,在不便进行人工养护的施工条件下,内养护也可缓解由于养护不足而造成的早期开裂。

图5-70 吸自来水后的SAP　　　　　　　　图5-71 吸水泥浆液后的SAP

内养护水分的释放路径与传统养护方式存在差异,主要体现在水分传输方向及水分分布状态两方面,如图5-72所示。传统养护水分是从水泥混凝土表面从外至内传输,而内养护水分是以湿度补偿介质为中心,沿各法线方向传输至混凝土中。此外,传统养护水分集中于水泥混凝土表层,因其渗入深度有限,无法使内部材料得到充分养护,而内养护水分在水泥混凝土拌和过程中随湿度补偿介质均匀分布于基体各区域,在内部湿度下降时能够及时实现全方位充分养护。美国的D. P. Bent通过计算认为,为达到更好的养护效果,应使湿度补偿介质的颗粒半径尽可能小,进而提高其与水泥浆体的接触面积,以提高养护效率。

3)工程应用

试验段位于惠清高速公路项目探塘大桥左幅(图5-73),共627.84m,现场应用如图5-74所示。

图5-72 内养护与传统养护示意图

图5-73 探塘大桥

a)泵送

b)振捣棒振捣

c)全自动桁架式分体辊轴摊铺机摊铺

d)振捣棒振捣

图 5-74

e)覆盖薄膜养护

图 5-74　整体化层浇筑及养护

(1)强度测试。

对湿接缝及桥面整体化层混凝土强度进行测试,得出湿接缝基准混凝土 28d 平均抗压强度为 60.48MPa,SAP 内养护混凝土抗压强度为 63.82MPa;整体化层基准混凝土 28d 平均抗压强度为 62.48MPa,SAP 内养护混凝土抗压强度为 65.83MPa,满足规范要求。

(2)外观裂缝观测。

经 3 个月观测,桥面无宏观裂缝,如图 5-75 所示。

图 5-75　整体化层外观

(3)平整度测试。

桥面平整度满足规范要求,如图 5-76 所示。

图 5-76　3m 直尺平整度测试

## 5.1.4　路面工程

### 5.1.4.1　沥青路面关键技术

1) 惠清高速公路项目面临的相关技术问题

惠清高速公路项目地处广东地区,常年面临着高温、多雨的气候环境。在此条件下,沥青路面常易出现泛油、车辙、坑槽等病害问题。惠清高速公路项目作为生态旅游景区的重要通道和绿色公路典型示范工程,存在交通量大、环境保护要求高的特点。车辙问题产生的根本原因除了以体积参数作为控制指标的马歇尔设计方法本身存在一定的缺陷和局限性外,还包括材料质量不稳定、路面结构嵌挤密实差等影响因素。

基于以上思路,为有效提高路面的抗车辙性能和耐久性能,惠清高速公路项目提出开发强嵌挤抗滑型矿料级配和降温抗车辙功能型新型改性沥青材料的思路,通过构建骨架密实结构、降低路表温度等,来达到延长道路使用寿命的目的。

2) 推广应用的技术

惠清高速公路项目中综合沥青与级配两方面,根据《公路沥青路面设计规范》(JTG D50—2017),借助公路路面设计程序系统 HPDS2017,依托试验路及原生产路段设计方案,进行了降温净味改性技术、降温净味改性抗车辙技术和降温型强嵌挤技术的开发应用研究。

(1) 降温净味改性技术。

TAP(电气石负离子粉)是一种能够释放负离子、具有压电性和热电性等功能的硅酸盐矿物,采用 TAP 对沥青进行改性,不但可以净化空气(对 $NO_x$ 的净化率可达 85.7%),而且可有效降低炎热气候下的沥青路表温度,减少车辙病害,提高沥青路面的高温性能。

本研究采用的 TAP 外观如图 5-77 所示。

(2) 降温净味改性抗车辙技术。

图 5-77　TAP 外观

为提高降温抗车辙改性沥青的推广应用水平,在选择表面改性剂 TAP 进行表面有机化时,综合考虑了改性效果和改性价格两方面。经研究得出,硬脂酸钠作为 TAP 的改性剂综合优势明显。

(3)降温型强嵌挤技术。

混合料级配是影响路面车辙性能的关键因素,当选择的集料恰好能形成骨架密实结构时,路面的抗车辙性能就有了第一道保障。基于此,项目参考沙庆林院士提出的 SAC 矿料级配设计方法和思路,把级配分成粗集料、细集料和填料三部分,以 4.75mm 作为粗细集料分界线,小于 0.075mm 的部分作为填料,确定强嵌挤级配的范围,主要结论如下:

① 综合沥青胶浆的高低温性能,建议沥青胶浆的适宜粉胶比为 1∶1.1 ~ 1∶1.3。

② 采用变 I 法确定细集料级配。随着 I 值增大,砂浆级配变细,抗剪能力与低温抗拉能力先增大后减少。综合考虑沥青砂浆抗剪能力和沥青路面低温抗裂性能,建议 I 值为 0.68。

③ 基于 UPT-NSM 研究沥青混合料的强嵌挤级配,以抗剪强度最大为原则,确定最佳粗集料级配。

④ 对不同粗细集料比例的沥青混合料试件进行单轴贯入试验与低温半圆劈裂试验,以抗剪强度为首要评价指标,以低温抗拉强度与断裂能作为控制指标,研究不同沥青混合料级配成型试件的高低温性能发展规律,确定不同级配的最佳粗细集料比例。并结合室内试验和工程经验,推荐了强嵌挤级配的级配范围。

3)工程应用

惠清高速公路项目左幅(K124 + 260 ~ K124 + 660)铺筑了试验路。试验路下面层采用 SAS-25 沥青混合料,中面层采用 SAS-20 沥青混合料,上面层采用 SAS-16 沥青混合料。

下面层 SAS-25 型沥青混凝土试验路路面较平整,粗集料整体分布较均匀(图 5-78),但路面整体外观质量较为干涩(图 5-79),集料间沥青胶浆填充较少,压实后路面孔隙的开口较大(图 5-80)。

图 5-78 粗集料整体分布较均匀

图 5-79 路面整体外观质量

中面层 SAS-20 型沥青混凝土试验路路面较平整,整体均匀性较好(图 5-81),粗集料整体分布较均匀,集料间沥青胶浆填充较饱满。局部位置混合料偏粗(图 5-82),沥青胶浆偏少,压实后路面孔隙的开口较大且相互连通,渗水系数大于 120ml/min。部分位置混合料沿路面横断面方向离析较为明显（图5-83）。

图5-80　压实后路面局部表观质量　　　　　　图5-81　整体均匀性较好

图5-82　局部位置混合料偏粗　　　　　　　　图5-83　横断面方向离析

上面层SAS-16型沥青混凝土试验路路面较平整，整体均匀性较好（图5-84），粗集料整体分布较均匀，集料间沥青胶浆填充较饱满。个别路段出现带状粗、细集料离析现象（图5-85）。另外，在局部位置开口空隙较大，密实度欠佳（图5-86），部分位置混合料细料上浮，出现糊面现象（如图5-87所示）。

图5-84　整体均匀性较好　　　　　　图5-85　个别位置出现带状粗、细集料离析现象

图 5-86 局部密实度欠佳

图 5-87 糊面现象

### 5.1.4.2 纤维封层应力吸收层技术

1)惠清高速公路项目面临的相关技术问题

纤维封层应力吸收层质量的好坏在公路桥梁建设中至关重要。公路常出现基层反射裂缝,在重载、雨水等作用下,基层反射裂缝进一步扩展至沥青面层,加速沥青路面破坏,缩短路面使用寿命。对于桥梁而言,桥面温度变形协调的一致性和桥面防水是保证桥梁工作性能和使用性能的重要关键点,通过铺设纤维封层应力吸收层,可有效防止桥面雨水下渗,保护桥梁支座和混凝土。

惠清高速公路项目所在区域雨量充沛,路面、桥面雨水量大,除设置横坡排水外,还要求路面和桥面有良好的防水性能,可有效阻止桥面水的下渗。另外,桥面作为惠清高速公路项目的重要组成部分,是路面、交通安全、机电等施工车辆的交通要道,面临的交通量大,这也要求桥面具有良好的工作性。

2)推广应用的技术

(1)高黏高弹胶粉改性沥青的制备技术。

制备高黏高弹胶粉改性沥青,首先要解决高黏度改性沥青母液配合比的优化设计问题。综合考虑改性主剂、增塑组分、增黏组分、增容稳定组分、废旧橡胶粉对改性沥青性能的影响,以及高黏高弹改性沥青的成本问题,最终选择 SBS(苯乙烯-丁二烯-苯乙烯嵌段共聚物)掺量为 5%、增塑剂掺量为 4% 配制的改性沥青,来满足防水黏结应力吸收层的需要。

其次是高黏高弹胶粉改性沥青的生产工艺问题。将一定比例的 SBS 改性剂、增黏组分、增韧组分等改性剂同时加入基质沥青中,经过胶体磨高速碾磨分散后,加入增容稳定组分进行搅拌,制备得到高黏度改性沥青母液,然后向高黏度改性沥青中加入废旧橡胶粉,在胶体磨的高速剪切下剪切 60~100min,最后通过高温低速搅拌发育 6h,制得高黏高弹改性沥青。

（2）复合改性胶粉沥青纤维碎石应力吸收封层技术。

在专用设备喷洒沥青黏结料的同时，同步切割喷洒玻璃纤维，最终形成纤维沥青应力吸收中间层，然后铺筑薄层沥青混合料罩面或者铺筑碎石封层，如图 5-88 所示。

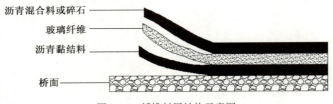

图 5-88 纤维封层结构示意图

（3）四同步施工技术。

四同步施工技术即采用打磨铣刨、纤维短切、同步复合改性沥青洒铺、碎石撒铺四个步骤同步进行。纤维封层技术是指采用设备洒（撒）布沥青黏结料和玻璃纤维的同时，在上面撒布碎石并经碾压后形成的磨耗层或者应力吸收中间层的一种新型道路建设施工技术。纤维封层施工中，经过专门工艺破碎切割的纤维在沥青结合料中呈乱向均匀分布，相互搭接，与沥青混合料形成网络缠绕结构，有效地提高了封层的抗拉、抗剪、抗压和抗冲击强度等综合力学性能。这种方式就相当于在新建道路基层和面层之间或原有路面基础上，加铺了一层具有高弹性和高强度的防护网垫，提高了桥面的防水抗裂和层间黏结能力，以达到延长沥青路面使用年限和降低养护周期费用的目的。

3）工程应用

针对惠清高速公路项目流溪河大桥的实际情况，提出了一种新型防水抗裂结构层，是一种特殊的碎石封层结构（两层改性高黏沥青＋单层玻璃纤维＋单层碎石）。

该结构在惠清高速公路项目流溪河大桥桥面应用面积超过 10000 万 $m^2$，经现场检测，防水黏结层与基面的现场拉拔强度超过 3MPa，超过拉拔强度大于 1MPa 的设计要求。防水黏结层施工后，桥面渗水系数为 0，满足防水黏结层不透水的技术要求，现场应用如图 5-89 和图 5-90 所示。

图 5-89 铺装现场

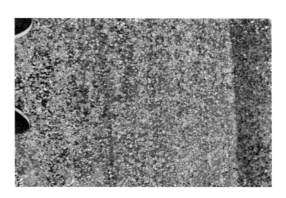

图 5-90 应用效果

### 5.1.4.3 沥青混合料 GTM 法设计技术

1) 惠清高速公路项目面临的相关技术问题

惠清高速公路项目所处环境常年气温较高且潮湿多雨,惠清高速公路项目作为旅游景观的重要通道,交通量大是其显著特点。当夏季路面温度高达 70℃ 时,在高温重载作用下,软化点附近温度范围内的沥青弹性比例降低,开始发生黏塑性流动,产生变形。另外,由于沥青结合料含蜡量高,高温时也会使沥青路面发软,导致沥青路面高温稳定性降低,出现泛油和车辙等病害问题。

一旦路面出现裂缝,在多雨气候条件下,雨水进入路面结构层,使沥青黏结力下降。同时,在重载等反复作用下,雨水在路面结构层内不断地冲刷沥青混合料,最终导致路面出现坑槽、松散等病害问题。

2) 推广应用的技术

GTM 法改进了马歇尔试验方法的不足,以路用性能(沥青混合料路用性能-混合料力学特性-混合料结构特点-混合料结构参数)为出发点,采用旋转揉搓压实来最大限度地模拟沥青路面碾压成型的过程,用实际行车轮胎下的最大接触压强作为试件成型的垂直压强,更准确地反映了车辆作用在路面上的情形。通过该推理方法设计出的沥青混合料,不仅能满足实际荷载作用,而且抗变形能力、抗剪强度也得到了很大的提升,很好地解决了沥青混合料重载作用下车辙、拥包等病害问题,提高了路面使用性能。

GTM 作为一种改进型试件成型设备,不仅能最大限度地模拟路面施工时的碾压工况,而且它以汽车轮胎的接地压强作为成型试件的一个主要控制条件,不固定试件成型功能而以试验对象达到极限平衡状态作为结束条件,较好地反映了沥青混合料在外界荷载作用下的物理力学特性,弥补了马歇尔试验法设计的沥青混合料沥青用量大、混合料密度低、现场空隙率大及级配不良等缺点,为彻底解决高温重载作用下沥青路面车辙、泛油等病害提供了新途径。通过GTM法设计技术，不仅可以提高沥青混合料的密度，而且可以减少沥青用量，从而提高路面抗车辙与抗剪切破坏能力等，达到提高沥青路面质量、高温稳定性及耐久性的目的。

在"基于GTM的重载交通沥青混合料设计及施工技术研究"形成的系列成果基础上，惠清高速公路项目主要推广以下技术：

（1）基于GTM法设计的沥青混合料原材料选择技术。

在已取得的GTM法设计沥青混合料的原材料选择标准基础上，根据惠清高速公路项目沥青路面建设中原材料（集料、沥青等）的实际情况，进行室内试验研究与论证，进一步完善适合于广东地区的基于GTM法设计的沥青混合料原材料技术标准。

（2）湿热重载地区GTM法沥青混合料级配优化技术。

对惠清高速公路项目路面工程所用的原材料，分别采用GTM法和马歇尔试验法进行沥青混合料配合比设计及性能对比研究，进一步完善沥青混合料GTM法设计的控制标准。进而根据惠清高速公路项目路面工程采用的原材料进行沥青混合料级配优化设计，进一步完善适合于广东地区的基于GTM法设计的沥青混合料级配范围。

（3）GTM法设计的沥青混合料施工工艺优化技术。

通过推广应用，进一步优化GTM法设计的沥青混合料的拌和、摊铺、碾压等施工工艺，结合室内试验研究结果及现场路面质量检验情况，完善GTM法设计沥青混合料的质量检验及评价标准。

（4）GTM法设计沥青混合料的技术经济性研究。

对GTM法设计的沥青混合料在建设期和运营期的技术经济性进行对比分析，进一步量化GTM沥青混合料的技术经济指标。

3）工程应用

沥青混合料GTM法设计技术将在惠清高速公路项目全线进行应用。经过工程试点，取得了以下应用成果。

（1）完善了GTM法设计的沥青混合料原材料选择、级配范围与设计的控制标准。沥青混合料性能的好坏首先依赖于严格的原材料选择，对于实际的工程应用，应根据工程所处区域的气候、环境、交通荷载及原材料情况，优化工程设计级配范围，从而保证沥青混合料性能的稳定。惠清高速公路项目，通过X-ray CT对GTM法设计的沥青混合料微观结构进行了分析，对GSF、GSI曲线变化规律进行了分析，对5种油石比下的中面层AC-20型（SBS改性沥青）、下面层AC-25型沥青（胶结料为A级70号）混合料进行试验研究，并在COPPER试验机上进行单轴贯入试验，测试各试件的抗剪强度和竖向变形，进一步分析了GTM混合料GSF指标与抗剪强度、GSI指标与抗剪切竖向变形之间的对应关系，并进行了高温、低温、水损害等研究，明确了惠清高速公路项目在重载交通下中、下面层原材料的选择标准及工程设计级配范围,为GTM法设计技术在重载地区的应用提供了参考。

(2)对GTM法设计的沥青混合料的拌和、摊铺、碾压等施工工艺进行了优化。其主要成果有:

①GTM沥青混合料的拌和。由于GTM法设计的沥青混合料油石比较低,其和易性较马歇尔法混合料差,为保证混合料的拌和质量宜采用间歇式拌和楼拌和,并配备有材料配比和施工温度的自动检测和记录设备,逐盘打印各传感器的数据。当生产GTM沥青混合料时,拌和应以混合料拌和均匀、无花白料、无结团成块和粗细分离为好。每盘拌和时间宜为50~60s,其中干拌时间不得少于5s。拌和温度应较马歇尔法设计的沥青混合料相应提高10℃左右,即保证出料温度在160~175℃之间。

②GTM沥青混合料的摊铺。为保证GTM法设计的沥青混合料均匀、不离析,宜采用两台沥青摊铺机呈梯队方式同步摊铺,每台摊铺机的铺筑宽度不宜超过6m,且每两台摊铺机前后应错开10~20m,两幅之间应有5~10cm宽的重叠宽度,上下层的搭接位置宜错开20cm以上。摊铺时,应严格控制摊铺速度,确保摊铺机慢速均匀、不间断地进行摊铺。摊铺机工作速度应控制在2~6m/min,具体速度按拌和楼产量而定。

③GTM沥青混合料的碾压。为保证路面压实质量,GTM混合料摊铺温度基质沥青不得低于150℃,改性沥青不得低于165℃,并要求施工单位配置不少于5台性能良好的压路机,其中应至少有两台大于30t的胶轮压路机及两台自重大于12t的双钢轮振动压路机。GTM混合料(基质沥青)碾压时,宜采用轮胎压路机初压,为防止出现粘轮现象,可以在轮胎上涂抹少量植物油,待轮胎发热后粘轮现象可以消除。终压以消除轮迹为主,应使用静力双轮压路机或关掉振动的振动压路机,并紧跟在复压后进行。

(3)量化了GTM沥青混合料的技术经济指标。建设期间,采用GTM法设计的沥青混合料与采用马歇尔方法设计的沥青混合料相比,节省的主要是原材料成本。惠清高速公路项目中、下面层采用GTM法设计技术,使原材料成本节省了约8元/$m^2$,拌和、运输及摊铺成本与马歇尔法相当,压实成本增加约0.07元/$m^2$,合计节约成本约7.93元/$m^2$。

#### 5.1.4.4 振动拌和水稳碎石抗裂技术

1)惠清高速公路项目面临的相关技术问题

水泥稳定材料开裂的具体影响因素主要有交通量、材料性质、气候条件、集料级配、水泥剂量和含水率等。受惠清高速公路项目亚热季风气候影响,使用环境具有光照充足、雨量充沛、交通量大等特点,半刚性基层沥青路面在高温作用下容易产生温度性裂缝。当水泥稳定碎石材料上面的温度较下面的温度低时,由于材料的深度不一样,使得材料的收缩程度也不一样,最终会导致路面板出现翘曲现象，引发路面分裂，这主要是由材料温度的热胀冷缩应力导致的。而且水泥的水化过程会放出很多的热能，加上水泥稳定碎石散热能力弱，沥青表层有麻袋等杂物的覆盖，使得水泥稳定碎石材料内部的温度增加，从而产生膨胀的现象。当水泥稳定碎石材料外部的温度降低时，则会产生冷缩效应。热胀冷缩的不断交替，形成巨大的拉应力，导致水泥稳定碎石表层开裂。除此之外，惠清高速公路项目所处区域是旅游景观的重要通道，交通量大是其显著特点，在车辆荷载的过程中，基层面底部会发生拉应力，当拉应力超出所用材料的强度极限时，水泥稳定碎石基层的底部就会产生裂缝，慢慢扩大并延伸至沥青面层，使路面出现裂痕，从而影响路面的稳定性和使用性能。为有效延长半刚性基层沥青路面的使用寿命、减少反射裂缝的产生，在惠清高速公路项目推广应用振动拌和水稳碎石抗裂技术，从而达到提高路面质量和延长耐久性的目的。

2）推广应用的技术

振动搅拌是在普通搅拌机上加入激振器，通过传动装置传递到振动轴，在对水泥稳定碎石混合料进行强制搅拌的同时加以振动作用，使混合料产生对流、扩散作用，粒径较小的材料可充分弥散并均匀分布。水泥浆和细集料颗粒均匀分散后黏结在粗集料的表面，避免了粗集料露白和混合料不均匀的现象。并且，水泥浆和细集料受到这种作用后会均匀地附着于粗集料表面，这不仅增加了水泥水化反应的进程，也改善了混合料的微观结构。搅拌速度梯度如图5-91所示，振动拌和机工作示意图如图5-92所示。

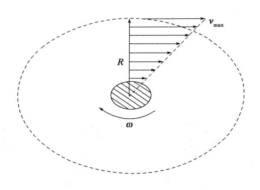

图5-91　搅拌速度梯度

另外，振动搅拌机比普通搅拌机搅拌频率高，可每分钟释放1500次以上振动弹力波，因此其每次对混合料的撞击能量可达到静力搅拌机的10倍以上。振动搅拌使得水泥等细集料充分弥散，水泥水化充分，水泥水化产物与集料表面黏结更加牢固，使混合料强度、耐久性及耐冲刷性等性能指标显著提高。运用振动拌和水稳碎石抗裂技术，不仅能减少水泥稳定碎石半刚性基层收缩和干缩等开裂现象，而且能延缓沥青面层的反射裂缝等病害，从而提高路面整体结

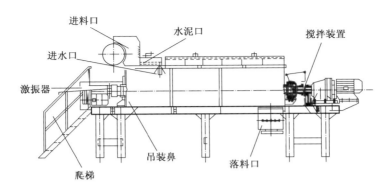

图 5-92 振动拌和机工作示意图

构的承载力和耐久性。

在"水泥稳定碎石振动试验方法关键技术研究""振动成型法水泥稳定碎石混合料配合比设计与施工技术"等系列科技成果基础上,惠清高速公路项目主要对振动拌和水稳碎石抗裂技术的以下两个方面进行推广应用。

(1)正常水泥剂量水平下水稳碎石振动拌和抗裂技术。

以水泥稳定碎石上基层为例,在正常 5% 水泥用量的水平下,采用振动拌和方式生产混合料,与当前采用的静力拌和方式对比,评定基层均匀性和开裂现象的改善情况。

(2)低水泥剂量水平下水稳碎石振动拌和强度提升技术。

分别设计低于上基层、下基层和底基层正常水平水泥剂量 1%~2% 的水泥稳定混合料,采用振动拌和方式生产混合料。与当前采用的静力拌和方式对比,室内和现场综合评定 3~7d 混合料强度、均匀性和开裂有明显改善。普通搅拌与振动拌和对比如图 5-93 所示。

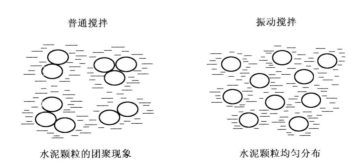

图 5-93 普通搅拌与振动拌和对比

3)工程应用

振动拌和水稳碎石抗裂技术在惠清高速公路项目得到了有效应用,在施工前对不同水泥剂量下普通拌和和振动拌和进行对比试验,得出数据见表 5-16。

普通拌和水泥稳定和振动拌和水泥稳定碎石强度对比表　　　　表5-16

| 水泥剂量（%） | 拌和工艺 | 强度平均值（MPa） | 强度变异系数（%） | 强度推定值（MPa） | 水泥剂量平均值（%） | 水泥剂量变异系数（%） |
|---|---|---|---|---|---|---|
| 3.0 | 普通拌和 | 3.5 | 12.2 | 2.8 | 2.7 | 13.1 |
|  | 振动拌和 | 3.7 | 7.8 | 3.2 | 2.9 | 6.6 |
| 3.5 | 普通拌和 | 4.2 | 11.9 | 3.4 | 3.1 | 10.8 |
|  | 振动拌和 | 4.3 | 6 | 3.9 | 3.5 | 8.2 |
| 4.0 | 普通拌和 | 4.9 | 12.7 | 3.9 | 4.0 | 13.2 |
|  | 振动拌和 | 5.2 | 6.2 | 4.7 | 4.0 | 7.7 |
| 4.5 | 普通拌和 | 5.7 | 10.6 | 4.7 | 4.7 | 10.5 |
|  | 振动拌和 | 6.1 | 6.4 | 5.5 | 4.4 | 6.9 |
| 5.0 | 普通拌和 | 6.5 | 11.1 | 5.3 | 4.8 | 13.2 |
|  | 振动拌和 | 7.9 | 8.3 | 6.8 | 5.0 | 7.7 |

从表5-16分析可知:①采用振动拌和技术能有效提高水泥稳定碎石的强度。当水泥剂量为3.5%时,采用振动拌和技术的7d无侧限抗压强度比普通拌和时提高了18.2%,并且能够满足设计强度要求。②达到同一强度时,振动拌和技术有效降低了水泥用量。同样达到3.9MPa的7d无侧限抗压强度,采用振动拌和技术的水泥用量仅为3.5%,而采用普通拌和的水泥用量达到4.0%,这意味着采用振动拌和技术工艺能降低12.5%的水泥用量。③采用振动拌和技术生产的混合料无论是7d无侧限抗压强度还是通过滴定得到的水泥剂量,其变异系数更小,这说明混合料拌和得更均匀。从生产出来的混合料也能看出,采用振动拌和技术的粗集料表面附着更多的细集料。

经综合考虑,在惠清高速公路项目水泥稳定碎石基层试验段的摊铺中,分别采用了普通拌和和振动拌和技术生产混合料,其中普通拌和采用4.0%的水泥剂量,振动拌和采用3.5%的水泥剂量,分别铺筑试验段,养护7d后钻取芯样并进行外观检查,检查结果见表5-17。

试验段对比评价　　　　表5-17

| 试验段 | 普通拌和试验段 | 振动拌和试验段 |
|---|---|---|
| 7d后取芯 | 芯样高度100%,芯样底面均匀、密实,顶面集料少量散落 | 芯样高度100%,芯样完整,顶面、四周均匀、密实 |
| 裂缝检查 | 有细小裂缝 | 无裂缝 |
| 外观检查 | 表面有轻微离析 | 表面密实、平整 |

分析表5-17可以得出以下结论:

(1)采用振动拌和工艺的试验段表面无粗集料露白现象,能大幅减少混合料摊铺离析,水泥水化产物与粗集料表面牢固黏结,强度耐久性及耐冲刷性得到提升。

(2)采用振动拌和工艺更容易形成嵌挤架构,压实效率提升,减少了结构层上部集料过度受压破碎,使结构层整体刚度、强度性能得到保证。

(3)振动拌和工艺使用较少的水泥取得了比普通拌和工艺正常水泥用量更好的效果,同时能够减少基层裂纹,能有效降低反射裂缝的危害。

惠清高速公路项目在全线路面施工过程中采用振动拌和水稳碎石抗裂技术。振动拌和水稳碎石可显著提高水泥稳定碎石混合料均匀性、强度和耐久性,同等强度要求下能够节省水泥用量15%以上,同等水泥用量情况下可提升强度20%以上,极大减少甚至基本上解决了水泥稳定碎石收缩开裂问题。振动拌和机如图5-94所示,振动水泥稳定碎石层芯样如图5-95所示。

图5-94 振动拌和机

图5-95 振动水泥稳定碎石层芯样

## 5.1.5 环境保护与景观工程

### 5.1.5.1 粉质黏土高陡边坡生态修复关键技术

1)惠清高速公路项目面临的相关技术问题

惠清高速公路项目沿线边坡土质主要为粉质黏土和全/强风化花岗岩,且沿线边坡高度陡峭,部分边坡稳定性较差。工程沿线地区年平均降雨量较大,且暴雨集中,对边坡冲刷作用较大。粉质黏土边坡在降雨入渗雨量不大时,破坏主要为浅层溜塌及滑塌,随着降雨入渗量的增加,边坡岩土体力学性质逐渐改变,边坡稳定性降低显著。因此,根据广东华南季风气候地区立地条件和粤东北山区公路边坡粉质黏土的土壤特征,明确高陡边坡特性,收集广东地区物种,通过高陡边坡主要护坡灌木根系的固土效益和吸收效益,建立华南山区粉质黏土高陡边坡生态护坡创新型关键技术,对于有效解决惠清高速公路项目建设面临的高陡边坡生态防护突出技术难题,为华南山区高速公路高陡边坡生态修复研究领域提供理论支持和实践参考都具有重要意义。

2)开展的研究和应用

(1)华南地区高陡边坡生态修复技术体系研究。

以华南地区公路高陡边坡为主要研究对象,以边坡无边界生态修复理论为指导,调研总结典型华南地区高速公路高陡边坡特点,包括边坡土质、朝向、坡度、稳定性及土壤类型等,充分考虑边坡结构面产状和坡面产状的相互关系及周围环境的影响,开展华南地区高速公路高陡边坡分类研究。分析华南地区边坡生态修复的重难点,基于边坡不同土壤特性提出适用于不同类型边坡的边坡生态修复技术,构建适用于华南地区高速公路高陡边坡的边坡生态修复技术体系。

惠清高速公路项目通过边坡分类研究将华南地区边坡分为土质边坡、土石混杂边坡和岩质边坡三类,基于土质边坡开展基于 W-OH 的防侵蚀有机生态基质层边坡生态修复技术研究,基于土石混杂边坡开展基于人造壤土的边坡生态防护技术研究,基于岩质边坡开展基于废旧资源再利用的石质边坡生态防护技术研究,三种技术共同构成华南地区高速公路高陡边坡生态修复技术体系。

(2)基于生态效益的生态修复技术试验研究。

开展基于生态效益的生态修复技术试验,包括群落调查试验、生物量试验和土壤养分分析试验,通过在生长的第 2 个月、第 3 个月和第 4 个月进行边坡防护生态效应指标数据和试验数据采集,采集覆盖度、群落密度、株高、均匀度、地上生物量、地下生物量和土壤养分等指标信息,掌握不同生长阶段的生态效益动态变化,从生态学角度对边坡生态修复技术效果进行对比研究。

(3)基于固土效益的生态修复技术试验研究。

开展基于固土效益的生态修复技术试验,在生长的第 2 个月、第 3 个月和第 4 个月分别进行根土复合体力学特性试验,同时利用 ANSYS 软件和 FLAC3D 软件结合根系和土壤的各项力学指标建立边坡模型,模拟降水入渗情况下坡面土体稳定性,从边坡土体稳定性角度对边坡生态修复技术效果进行研究。

(4)基于层次分析法(AHP)的华南地区高速公路高陡边坡生态修复技术体系评价研究。

分析边坡生态修复功能、生态效益和固土效益,提出边坡生态防护评价指标筛选原则,通过建立递阶层次结构模型和构造判断矩阵,建立基于层次分析法(AHP)的华南地区高速公路高陡边坡生态修复技术体系的评价体系。同时,根据评价结果进行华南地区高速公路高陡边坡生态修复技术体系的改进和完善,确定最为完善的华南地区高速公路高陡边坡生态修复技术体系和实施方案。

3)工程应用

惠清高速公路项目地处粤东北丘陵地区,地形起伏较大,局部陡峭,坡体地面最大高程约200m,自然坡角最大约50°。山体植被发育,生长松树及各种灌木、蕨类。全线共设置路堑边坡199处,边坡土体主要由第四系坡残积粉质黏土和燕山期花岗岩及其风化层组成,其中最大坡高不小于50m的边坡有6处,最大坡高不小于30m的边坡有43处。

(1)土质边坡——基于W-OH的防侵蚀有机生态基质层边坡生态修复技术。

选取惠清高速公路项目AK0+120~AK0+210右侧第二级坡体作为土质边坡生态防护技术的试验点,如图5-96所示,按照技术方案和对比试验方案开展边坡生态防护。

图5-96 土质试验边坡现场图

(2)土石混杂边坡——基于人造壤土的边坡生态防护技术。

选取惠清高速公路项目AK1+140~AK1+479.5第二级边坡作为土石混杂边坡生态防护技术试验点,按照技术方案和对比试验方案开展边坡生态防护,如图5-97和图5-98所示。

(3)石质边坡——基于废旧资源再利用的石质边坡生态防护技术。

选取惠清高速公路项目ZK83+154.7~ZK83+442.7第一、二级边坡作为石质边坡生态防护技术的试验点,如图5-99所示,按照技术方案和对比试验方案开展边坡生态防护。

图 5-97　边坡生态防护过程

图 5-98　目前生长状况

图 5-99　石质试验边坡现场图

#### 5.1.5.2　基于色彩学和环境认知的景观融合技术

1) 惠清高速公路项目面临的相关技术问题

惠清高速公路项目沿线的龙门、从化、佛冈、清远清新区有丰富的旅游资源，分布有南昆山生态旅游区、从化新温泉、从化温泉养生谷、清远市黄腾峡生态旅游区等几十个风景名胜区、自然保护区、生态严控区和森林公园，是连通旅游景观的重要通道。因此，如何因地制宜，最大限度地减少工程损害，将人造景观和自然景观融为一体，成了亟待解决的问题。通过基于色彩学和环境认知领域的技术措施，研究可量化的高速公路景观融合技术，既可解决目前惠清高速公路项目建设面临的现实技术问题，将惠清高速公路项目打造为生态友好、景观和谐、体验舒适、品质突出的生态景观型高速公路，促进沿线旅游产业和经济社会发展，又可为华南山区高速公路景观设施与绿化系统设计建设提供可推广的技术支撑，具有较强的现实意义和必要性。

2) 开展的研究和应用

(1) 公路路域环境色彩视觉特征与构成要素研究。

针对公路路域色彩的基本特征，在色彩地理学及其相关理论研究的基础上，考虑公路路域色彩的来源及构成,建立一套适用于公路路域的色彩学研究理论,作为基于惠清高速公路项目华南山区高速公路路域色彩量化研究与控制的理论基础。

(2)驾乘人员动态视觉下公路路域环境色彩的认知规律研究。

从使用者的角度出发,以华南山区高速公路路域色彩的基本理论成果为指导,展开驾乘人员对公路路域色彩认知规律的研究。由于驾乘人员对于公路路域环境的感知存在静态感知与动态感知相结合的基本特征,综合包括涵盖视觉阈值、视觉混色和视觉残相的生理感知,以及涵盖温度感、空间感、运动感、面积感、轻重感的心理感知的理论,同时考虑到驾乘人员的生理和心理双层次的要素,总结公路路域色彩的对比与调和原则。结合模拟驾驶过程,通过眼动实验,获得驾乘人员动态视觉下公路路域环境色彩的一般定性认知规律。

(3)公路路域环境色彩的提取与量化技术研究。

为了提升公路与路域环境的景观融合,提升路域景观整体品质,迎合驾乘人员安全及舒适度的需求,本研究引入蒙赛尔色彩学理论,提出公路路域环境色彩信息采集与分析方法。针对传统公路路域色彩研究方法取样困难、成本高、定性判断主观误差较大的局限性,提出三种基于路域景观图像进行 K-means 聚类色彩提取方法,分别是基于色彩要素的色彩空间量化方法、基于空间属性的色彩空间量化方法和基于视觉感知的色彩空间量化方法,采用量化技术将抽象的色彩数据化,形成既有路域景观图谱的绘制方法。通过惠清高速公路色彩量化的应用,在数字化条件下展现公路路域色彩的特征变化,推广一种使用数字技术对公路路域环境色彩专项控制与规划的工具。

(4)数字技术支持下的公路路域环境色彩量化控制技术。

公路路域环境色彩的提取与量化技术研究需要色彩控制路段的路段图谱,基于行为主体匹配原则、环境色彩协调原则、历史地域关联原则和自然环境协调原则,通过对调查过程(确定调查对象、制定总体策略、现状调研、色彩现状评价)的总结,得到基于色彩空间(基调色、主调色、辅调色)与色彩构成(色相、明度、彩度)两方面的优化数据。采用数字技术手段,利用 MATLAB 软件平台的插值与回归算法,实现路域色彩意象图的自动填充,得到公路路域色彩的理想色彩图谱,并对应公路路域色彩规划设计环境色彩载体(自然景观、人文景观、构造物景观)的具体应用,最终以路域色彩分段营造、路域色彩分级营造和路域色彩调和模式,实现色彩设计的量化控制。同时,建立一套基本完善的、以数字技术为支持的公路路域环境色彩量化控制技术一般流程,包括控制方法、控制的一般流程、控制的实施步骤。

3)工程应用

惠清高速公路项目所在区域的东部和西部气温、雨量差异较大。地势地貌及植被的分布使惠清高速公路项目路域环境特征明显,属于典型的亚热带山区高速公路。基于路域环境的样貌不同,将特征段划分为林业景观段及农业景观段。

林业景观段较集中分布于南昆山路段(包含五指山县级森林公园及新温泉县级森林公园:WK65+000~SK119+165)及笔架山路段(包含太和洞县级自然保护区及省级森林公园:QK170+854~QK177+620)。

农业景观段相对较分散,主要分布于K55+400~K65+000、QK166+000~QK170+854、QK177+620~QK182+490。

在惠清高速公路项目沿线选取特征点,分析构成路域景观的色彩要素,构建绿色公路色彩体系建立原则,并对绿色公路路域景观色彩体系进行分类。基于蒙赛尔色彩地理学的方法,进行大量的色彩调研,获取并总结惠清高速公路项目沿线主要景观类型的典型色彩,建立惠清高速公路项目路域色彩数据库,分析提取背景色、主体色、辅助色、强调色的色谱组成。结合惠清高速公路项目的景观段落研究,根据营造策略(色彩结构、色彩意向、规划目标、控制层级、调和方式,整体效果在三级控制区上),建立惠清高速公路项目路域景观色彩体系,给出整体规划意向,并给出推荐色谱,规划得出理想的惠清高速公路项目路域景观色彩意向。

#### 5.1.5.3 "生态选线"理念的应用

1)方法介绍

公路路线方案设计是在地形图或地面上选定路线走向并确定路线空间位置的过程。生态选线是以环境保护作为控制指标的一种选线理念。根据沿线不同的生态区域调整路线的布局位置,以合理布置公路跨线,保护生态环境,使工程项目与自然环境相协调。将公路生态、环境保护思想纳入公路选线设计中,是一种积极主动的环境保护行为,可以从根本上缓解公路建设对周边环境的影响。

惠清高速公路项目位于南岭山系东端,区域地形地貌复杂,沿线地貌主要为剥蚀残丘地貌,丘陵、山丘、低山、中山和盆地冲积平原相互交织。同时,惠清高速公路项目沿线水环境敏感区、生态环境敏感区数量多,敏感区域大。项目路线穿越清新太和洞县级自然保护区、广东太和洞省级森林公园、从化五指山县级森林公园、从化新温泉县级森林公园、流溪河光倒刺鲃国家级水产种质资源保护区等5处生态环境敏感区,穿越惠州生态严控区、广州生态严控区、清远生态严控区等3处生态严控区,临近南昆山省级自然保护区、清远市黄腾峡生态旅游区、滨江水生生物自然保护区、清新回兰明霞洞县级自然保护区、油田森林公园、笔架山森林公园、从化陈禾洞森林公园、从化温泉风景名胜区等8处生态敏感区。

因此,依托惠清高速公路项目开展生态选线,对于做好公路建设中的生态敏感区保护、确保沿线生态敏感区的生态安全具有重要作用和意义,有利于公路建设与环境保护的可持续发展。

2）应用实例

(1)南昆山段生态选线分析。

①方案设定。

该段有北方案 K 线——比选方案（K64+000～K81+979.84）和南方案 W 线——推荐方案（WK64+000～WK83+000），具体情况如下：

北方案（K 线——比选方案）：路线从麻浦电站北侧向西北沿山脚布线，经过灯芯浪，跨越县道 X222，沿乌树头山脚向北，经等新塘西侧，而后路线折向西展线，设置特长隧道（南昆山隧道）穿越南昆山，在金泉电站附近接入 W 线。

南方案（W 线——推荐方案）：路线从麻浦电站西北侧向西沿山脚布线，沿麻浦、七星墩水库东侧向西北展线，设置南昆山互通，在乌树头西北侧向西，设置长约 3.66km 的南昆山隧道穿越南昆山，在金泉电站附近与 K 线相接。

②比选结果。

分析可知，推荐方案较比选方案长 427m，占地面积基本相当。两方案桥隧比基本相当，但比选方案沿南昆山外侧布线，占用耕地数量较多。两方案均全线位于生态严控区内，但比选方案临近广东陈禾洞省级自然保护区（约 800m），可能因施工道路等设置不当而进入保护区，并对保护区周边动物通道造成阻隔。比选方案地形复杂，高填深挖线路较长，隧道设置长度较推荐方案长 2.589km，且有一处长 5.2km 的特长隧道。两方案涉及的声环境及大气环境保护目标均为村落，未涉及大型集镇。经生态环境综合比选，南方案（W 线——推荐方案）更优。

(2)清远段生态选线分析。

①方案设定。

该段路线有两个比较方案，即：清远北线 L 线——比选方案（LK167+205.960～LK181+879.525）和清远南线 Q 线——推荐方案（Q167+205.960～Q182+490.080），具体情况如下：

北线方案（L 线——比选方案）：路线穿过京珠高速公路后折向西北，在龙窟塘跨 G106，过琶江后向正西方向前行，经黄琅北侧，过赖家坪、格四、白沙尾、螺塘，在黄竹坑北侧跨京广铁路及北江，在下洞下穿广乐高速公路后转向西南方向，过沙罗底至牛仔架，经江埗、新桥、榕树围，穿太和洞隧道，沿山脚布线，在清新区井塘村附近连接清西大桥及连接线高速公路，设置清新枢纽互通立交。

南线方案（Q 线——推荐方案）：路线在清新区后岗镇北侧与 K 线分离，折向西南，经白石塘、桐油村，以高架形式沿飞来湖公园南侧既有城市道路走廊继续向西南展线，在新村附近跨越迳口河后折向西北，经清新三中南侧，在葫芦洲附近与 K 线相接。

②比选结果。

分析可知,推荐方案较比选方案长611m,占地面积基本相当,比选方案所在地地形平坦,占用耕地数量较多。两方案均涉及生态环境敏感区,但推荐方案以全隧道形式穿越清新太和洞县级自然保护区,且埋深较大,对保护区基本没有影响。比选方案在环境敏感区内均为地上工程,且体量较大,对湿地景观和生态环境造成了较大切割,降低了飞来湖湿地公园的景观价值。两方案均跨越滨江,比选方案反复跨越滨江3次,涉水施工量远大于推荐方案。推荐方案隧道长度大,但地质情况稳定,岩溶不发育,对地下水影响小。比选方案由清远市城区穿过,沿线小区、学校众多,声环境及大气环境敏感点数量远大于推荐方案。

#### 5.1.5.4 "节地选线"理念的应用

1)方法介绍

山区高速公路节地选线技术就是在满足公路设计指标的同时,尽量减少良田及经济林占用,提高土地利用效率,减少拆迁工程量等的一种综合选线技术。通过对项目工程地质和水文地质的深入勘测调查、路线安全与环境的协调设计、路线布置方案的比选论证等综合确定项目线形。设计原则主要如下:

(1)路线设计应在保证行车安全、舒适、迅速的前提下,做到工程量小、造价低、运营费用省、效益好,并有利于设施的养护。在工程量增加不大时,应尽量采用较高的技术标准。不轻易采用极限指标,也不应不顾工程量大小,片面追求高指标。

(2)路线的布置方案受到各种影响因素的制约,故而公路设计的不同阶段都需要对各个路线方案进行详细的比选论证和研究,设计者除了要考虑路线和工程方案本身,还需着重考虑环境因素,使得最终方案具备安全可行、有利环境保护、经济合理的优点。

(3)选线时应对工程地质和水文地质进行深入勘测调查,了解清楚它们对道路工程的影响。对严重不良地质路段,如滑坡、崩塌、泥石流、岩溶、泥沼等地段和沙漠、多年冻土等特殊地区,应慎重对待,一般情况下应设法绕避。当必须穿过这些地区时,应选择合适位置,缩小穿越范围,并采取必要的工程保护措施。

(4)山区复杂的地形地理条件决定了各种技术指标如何采用,较低的技术指标不利于车辆的运行,但片面追求高指标必然会导致填挖工程量增大,工程构造物数量增多,这会直接影响到路线区域的生态环境,且工程造价也会上升。因此,在保证行车安全的前提下,还应强调因地制宜地选用合理的技术指标。

(5)山区高速公路设计中有许多典型工程,如深路堑、隧道、高架桥、高路堤、高边坡、半边桥或纵向桥等。这些典型工程不仅对路线总体方案和工程造价有极强的控制作用,也会对区域生态环境及道路的运营安全产生影响,因此,在山区高速公路设计中应着重注意对典型工程方案的综合比选。

惠清高速公路项目设计选线时,经过与国土规划部门的密切协作,在对土地利用现状及规划进行深入调查后,进行项目方案的设计、优化及比选。具体做法包括:

(1)为有效防止因公路建设而引发的地质灾害对农田的损害及对农业生产的影响,项目选择的路线方案避开了存在较大地质隐患的地区。路线方案的比选基于"最短路线"的设计原则,优先考虑路线长度较短及占用基本保护农田、经济作物用地较少的路线方案,并注重不同土地类别的比较。

(2)对沿线农田较多的路段,结合地形条件进行多方案比选。在调查各方案占用土地的类别及质量的同时,也可同时调查区域内社会环境和当地人民群众对土地的依赖性,从长远发展的理念出发,将占用土地情况作为路线方案取舍的重要因素,经综合分析后确定路线方案。

(3)项目路线所经地区多位于山岭地段,耕地资源十分珍贵,对于按照一般设计标准也可保证路基稳定的耕地路段适当设置了挡土墙,有效减少了对耕地的占用。此外,对于穿越良田的高填方路段,尽量采用支挡结构或桥梁跨越方案。

(4)为减少路基取弃土对土地的占用,从路线平、纵断面设计上考虑,对各路段土石方数量进行估算,确定最佳平纵线形组合方案。结合土石方调配的实际平衡情况,在保证路基稳定的条件下,调整路基填挖边坡。一般来说,路基需借土地段多位于地形较平坦的农田地段,需弃土路段多为山岭地段,根据项目特点,取土坑设置于地势较高处,弃土堆设置于山涧洼地。此类地形多为耕地,取弃土前将耕植土取出临时存放,待施工完毕后利用耕植土复耕,以节约耕地。

(5)为节约占地,分离隧道的分线设计改变了以往采用平行式等间距线形设计的常规思路,隧道分线间距在隧道内实施渐变,缩短了隧道出口分线长度,减少了对隧道洞口以外土地的占用。

(6)根据山体岩土性状和填料的不同,合理确定挖方、填方边坡坡率,在边坡稳定的前提下,尽量减少用地宽度。项目弃方较多,弃土场尽量选择在荒山和无耕种土地的冲沟内,同时对弃土场表面进行覆土造耕处理。

(7)互通立交的选型和布置紧密结合互通区地形、地类情况,以及路网情况、交通量大小等进行,选择合适的互通立交形式,合理控制互通立交规模,匝道布设与地形相协调,使得整个互通立交路基填挖少,占地省。对于喇叭互通立交非喇叭头侧匝道,如其与主线交角较小,为缩小互通立交用地,将该匝道设计成卵形,以增长匝道有效拉坡长度,同时也缩小互通立交的用地,且该线形也与车辆运行速度值相匹配。

(8)设计中,通过优选路线方案以减少耕地,特别是基本农田的占用。路线方案设计时采取靠山布线,适当降低平、纵断面技术指标等综合手段,使路线最大限度地适应地形。

（9）通过优化减窄路基护坡道、碎落台、边沟外征地宽度，减少征地宽度。设计中采用技术标准下限值，以减少占地。

（10）灌溉涵洞设计与地方农田水利规划有机结合，保证排灌系统畅通。在公路排水系统设计中，一方面，排水系统采用不干扰原有排灌系统的自成系统；另一方面，加强灌溉涵洞设计，保证原有排灌系统的畅通和使用，做到不降低现有耕地的类别。

（11）将耕植土和腐殖土作为一种宝贵的资源加以保护，设计中采用临时堆放措施，用于取弃土场及临时工程用地的复耕。

2）应用实例

（1）乌树头段（K70+500~K77+420）。

从环境保护、节约用地的角度，定测阶段对该段路线明线深挖路堑方案和短隧道方案进行了对比。K线为隧道方案，设置乌树头隧道232.5m；W线采用明挖方案。相比W线，K线采用短隧道方案，虽然增加了工程规模，但有利于环境保护，取消了约60m高的深挖路堑，土石方减少了32万$m^3$，减少了该段弃方，减少占地34亩（1亩≈666.67$m^2$），减少了对环境的破坏。该段路线推荐采用K线方案。

（2）良平至良新段（K87+100~K97+682.456）。

该路段位于良口镇边缘，廊带范围自然景观优美，为重点发展生态旅游区。路段主要环境敏感点为良口镇规划、碧水新村（移民安置村）、从化温泉养生谷、生态严控区、从化新温泉森林公园、从化五指山森林公园、流溪河准水源保护区、流溪河光倒刺鲃国家级水产种质资源保护区等。初测线位以桥梁为主，初步设计线位以隧道群为主。

相比初步设计线位，初测路线里程增长141m，桥梁增长1905.5m，隧道减短2411m，占地减少89亩，但对自然山体破坏大、景观差，对良口镇规划区影响大。

（3）南昆山隧道路段（K70+600~K80+000）。

初步设计阶段中，该路段布设了南昆山隧道、乌树头隧道、茅坪隧道和溪头互通立交。初步设计阶段乌树头隧道为适应地形、选择合适进洞条件及洞身条件，分离路基间距较大，最大分线距离105m，占地面积大。

定测阶段对该段线位进行了调整，调整乌树头隧道间距至18m，路线里程减短650m，占地减少55亩。

（4）赤树隧道路段的优化（K97+500~K100+500）。

初步设计阶段，K98+300左侧、K100右侧、K100+300右侧等多处边坡超过5级，为提高边坡稳定性并减少土石方，建议适当调整平面线位，降低边坡开挖高度。

定测阶段对路线平、纵断面进行了调整，基本将该路段高边坡减少至3级以内。

(5)赤树隧道—少沙水库路段的优化(K100+500~K104+000)。

初步设计阶段隧道刚好在 S 形曲线上,洞口又处于缓和曲线中间位置,平面指标不理想,同时,K103~K104 路段桥梁规模过大,建议结合平、纵断面调整,降低桥梁工程规模。

定测阶段中调整了隧道路段平面,使得洞口处于圆曲线或直线段上,且洞内保留一定长度的直线段,调整后线位更为顺直,线形指标更优。取消少沙大桥处的平曲线交点,增加了直线段长度,使得增加纵坡变坡点也可满足平纵组合的需要,从而压低了 K103~K104 路段的设计高程,取消了部分桥梁。

(6)少沙水库—横江路段的优化(K105~K108)。

初步设计阶段,K105~K106 石岭隧道左右线压覆过水通道,建议调整平面线至沟谷某一侧以利于排水;K106~K108 沿线地形高差过大,桥梁规模过大,建议往北调整线位,降低桥梁规模。

定测阶段,K105~K106 段结合现场地形地质条件,将左右线布设于沟谷北侧,并通过设置涵洞改善排水;K106~K108 段往北调整了线位,利用较高地形布线,降低了桥梁规模。

(7)横江—大达田路段的优化(K110~K112)。

初步设计阶段中,该路段桥梁规模和土石方规模稍大,占用部分农田。

定测阶段中,地形调整平、纵断面,降低了桥梁规模和土石方规模,且尽量少占农田。

(8)瓦锡田—毛细坪路段的优化(K112~K116+500)。

初步设计阶段中,该路段桥梁规模和土石方规模稍大,占用部分农田。

定测阶段中,地形调整平、纵断面,降低了桥梁规模和土石方规模,且尽量少占农田。

(9)国道 G106—暖水路段的优化(K120~K124)。

初步设计阶段中,该路段桥梁规模与土石方规模过大,建议调整。

定测阶段将 K120~K122 路段向南调整,取消了 K120+900 处桥梁,同时缩短了石角河大桥的桥梁长度;K122~K123 路段向北调整,沿线地势较低,大大降低了土石方工程量,填挖也较均衡。

(10)汤塘镇四九路段路线方案比选。

结合地形条件及对附近村庄的影响,该路段对 K 线、B1 线和 B21 线 3 个路线方案进行比较。K 线方案为在方田、横江、大达田村北面布线的北线方案,B1 线和 B21 线方案均为在方田、横江、大达田村南面布线的南线方案。经综合比较并参考地方意见,K 线虽工程规模偏大,但占用农田少,对附近村庄及地方规划的影响较小,建议采用 K 线方案。K 线、B1 线和 B21 线具体比较情况详见表 5-18。

**K 线、B1 线和 B21 线路线方案比较** 表 5-18

| 序号 | 指标名称 | 单位 | K 线方案 | B21 线方案 | B1 线方案 |
|---|---|---|---|---|---|
| 1 | 路线长度 | km | 7.008 | 6.945 | 6.961 |
| 2 | 平曲线最小半径 | m | 1553.32 | 1400 | 1104.937 |
| 3 | 最大纵坡 | % | 2.494 | 2.8 | 2.861 |
| 4 | 土石方 | 1000m³ | 1511.95 | 1468.38 | 1507.78 |
| 5 | 特大桥/大桥 | m/座 | 1990/8 | 1655 | 1645 |
| 6 | 中小桥 | m/座 | — | — | — |
| 7 | 涵洞 | 道 | 14 | 14 | 12 |
| 8 | 四九互通连接线长度 | m | 1732 | 540 | 461 |
| 9 | 拆迁建筑物 | m² | 403.3 | 309.2 | 763.5 |
| 10 | 占用土地 | 亩 | 958.0 | 850 | 879.2 |
| 11 | 占用高标准农田 | 亩 | 19 | 49.0 | 31.6 |
| 12 | 造价估算 | 万元 | 70413 | 62944 | 63297 |
| 优缺点分析 | K 线优点：①远离四九镇密集村落,对地方规划影响较小；②路线占用基本农田保护区最少；③路线平纵指标稍高。<br>缺点：①互通立交连接线较长；②桥梁规模较大,造价相对较高；③四九互通立交连接线长；④占用土地最多；⑤造价较高<br><br>B21 线优点：①路线里程最短；②拆迁建筑物相对较少；③四九互通连接线相对较短；④工程规模最小,造价最低。<br>缺点：①相对 K 线,路线距离四九镇区较近,不利于四九镇整体规划；②路线沿线经济作物或高标准农田较多,对农业生产影响较大；③路线平纵指标稍差<br><br>B1 线优点：①路线里程相对较短；②占用土地较少；③四九互通连接线最短；④造价较低。<br>缺点：①路线距离四九镇最近,路线两侧村庄分布密集,对附近村庄及四九镇整体规划影响最大；②路线沿线经济作物或高标准农田较多,对农业生产影响较大；③路线平纵指标略差；④沿线拆迁建筑物最多 | | | | |

## 5.1.6 机电及信息化工程

### 5.1.6.1 基于无人机技术的高速公路建设智能化管理及监测技术

1) 惠清高速公路项目面临的相关技术问题

公路工程项目也称公路基本建设项目,除了具有不确定性因素多、整体性强、建设周期长、不可逆转性、工程的固定性、生产要素的流动性等一般项目具有的特点外,还有其特殊的特征：一是公路建筑产品的特点；二是公路工程施工的特点。

(1) 公路建筑产品的特点。

①产品的固定性。公路工程构造物一经建成,其地点固定不变,不能移动。

②产品的多样性。由于公路的具体使用目的、技术标准、技术等级、自然条件、结构形式、主体功能的不同,而使公路的组成部分、形体构造千差万别和复杂多样。

③产品形体的庞大性。公路工程是线性构造物,其组成部分的形体庞大,占用土地及空间多。

④产品部分结构的易损性。公路工程由于受行车荷载的作用和自然因素的影响,所以易损坏,尤其是暴露于外部环境的部分及直接受行车作用的部分。

(2)公路工程的施工特点。

①造价高、投资大。公路工程建设项目投资一般是非常巨大的,其建设工程合同的价额基本上是几千万元、上亿甚至几百亿元,这是一般的建筑工程项目所不可比拟的。

②点多、线长、面广。公路工程建设规模一般都比较大,从建设里程上来讲,从几十公里到上百公里甚至上千公里的都有,涉及的施工区域可能不止一个省(市、区),尤其是国道干线的建设,一般都要跨越几个省(市、区),施工范围是相当广的。因此,工程的建设是不可能只由一家施工企业单独完成,需要多家合作,分点、分段建设完成。

③质量要求高,形成时间长。每条公路都是特有的、唯一的,一经建成,在短时间内将不会进行重复性的投资建设。同时,建设一条公路将会耗费大量的人力、物力和财力等,因此,在公路工程的建设过程中,就要对建设产品提出较强的质量要求,要求建设、设计、施工、监理等单位密切配合,材料、动力、运输等各部门的通力协作,以及地方各级政府部门和施工沿线各相关单位的大力支持,科学合理地利用资源,尽可能创造高质量的公路建筑产品。

④户外作业环境复杂不可控因素多。公路工程本身的特点要求施工建设采用全野外的作业方式,加上施工的路线一般都较长,所以无论是其面临的气候、地质水文条件,还是社会经济环境,乃至风土人情都将有所差异。其中的任何一项因素的变化都会影响公路工程建设的顺利进展。另外,对不同的施工项目,环境等影响因素又有所不同,不可控因素的增多也使得项目管理在施工中变得尤为重要。

虽然我国高速公路建设发展迅猛,通车里程也已位居世界第一,但在高速公路智能化建设上的科技投入却与之不相适应,使高速公路没有发挥出应有的效益。传统的"人海战术""疲劳战术"式的管理方式已远不能适应高速公路的发展现状,在科学技术突飞猛进的今天,利用信息化的成果来加强高速公路的管理是我国高速公路的发展方向。

2)开展的研究与应用

随着无人机技术的不断成熟,新一代信息技术的融合发展,民用无人机的效费比将逐渐提高,承载能力也逐步增强,满足更多任务的功能机将出现在工程建设行业的各个角落。结合

3S[遥感技术（RS）、地理信息系统（GIS）、全球定位系统（GPS）]技术进行精准定位,未来的摩天大楼或许能够依靠无人机抬升预制件模块进行构建,这将节省更多资金、劳动力和时间。无人机技术已广泛应用于矿山资源监测、林业和草场监测、污染源及扩散态势监测、海洋环境监测、土地利用监测,以及电力、水利等领域。在施工现场,无人机除了能监视高空吊装作业、施工进度、施工准备情况等,在未来或许能依靠智能决策系统规划建材运输和施工路线,及时调运材料,降低公众交通干扰,保证施工进度。此外,无人机还可以用于征地拆迁总量的估算、土石方工程的计量、高边坡质量的管理等。总之,无人机技术可以辅助工程项目在工程测绘、工程管理、工程检测等过程的智能化管理,从而实现高速公路建设过程的经济、高效和便捷。

（1）工程测绘。

遥感是测绘过程中获取数据信息的重要手段,按照平台高度划分,可分为航天遥感、航空遥感和地面遥感。航天遥感平台包括人造卫星、载人飞船、航天飞机、太空站和各种行星探测器等。航空遥感则依托于在大气层内飞行的各类飞行器,包括有人飞机、无人机、浮空飞行器、气球等。地面遥感是把数据采集装置安装在车、船、高塔等地面平台,进行地物波普测量。

《国务院办公厅关于促进地理信息产业发展的意见》(国办发〔2014〕2号)提出:"提升遥感数据获取和处理能力。发展测绘应用卫星、高中空航摄飞机、低空无人机、地面遥感等遥感系统,加快建设航空航天对地观测数据获取设施,形成光学、雷达、激光等遥感数据获取体系,显著提高遥感数据获取水平。加强遥感数据处理技术研发,进一步提高数据处理、分析能力。"

国家层面对于包括无人机在内的航空航天测绘予以充分重视,无人机作为一种新型航空遥感测绘手段,具有机动灵活、经济、便捷的技术优势,具有快速实时调查监测能力,能够快速获取地理信息数据,通过搭载相机可进行航空拍摄,现已实现一千米的低空操作,而且拍摄的图像清晰度高、拍摄效果好。此外,无人机航摄还具有高效的检测率,检测的尺度大,并且能够快速进行处理和周期性服务效果好等优点。

无人机航摄系统作为一种成本低廉、快速有效的新型航测遥感平台,在继承和发展传统航空摄影测量技术的基础上,集成现代遥感技术、GPS技术,可取得高分辨率影像,并能快速提供空间信息。同时,结合地理信息系统（GIS）空间数据库的建设,在道路工程选线辅助决策中能增强决策能力和服务水平,有效弥补了传统测绘手段在信息化测绘时代难以满足生产需求的不足,提高了道路选线的效率、征地拆迁的总体把控、测量放线的效率,可更好地服务于高速公路的测量管理工作。

（2）工程管理。

无人机作为一种智能载具,搭载视觉传感器、小型雷达、激光测距仪等设备,可在飞行中感知周围环境,对障碍物进行有效规避。如何将无人机应用于工程管理,实现自动巡检、自动采集数据等智能化应用,是工程管理智能化的亮点之一。图像识别技术是人工智能的一个重要领域,是对图像进行对象识别,以识别各种不同模式的目标和对象的技术。通过对目标图像进行特征提取,将图像特征信息进行编码,形成海量图像编码查找表,再利用相似度匹配运算,最终实现对图像信息内容的判断。

随着对地观测、管理、网络、虚拟现实等技术的发展,工程项目管理领域越来越多地使用了现代信息技术作为高效的管理手段。GIS技术可对海量的大范围地形数据进行存储、管理与展示,具有计算效率高、运行流畅的特点。GIS系统架构是物联网的基础,利用无人机低空遥感技术、数据融合技术、无线远程智能监控技术,结合各种物联传感终端可实现天、地传感器协同作用,实现快速多源空间数据融合和智能化多源数据融合,包括遥感数据之间的融合、矢量数据之间的融合、遥感数据与矢量数据的融合、矢量数据与GNSS(Global Navigation Satellite System)数据的融合、地理信息数据与智能感知数据的融合等融合方式,为工程管理提供可视化、空间位置关联、多源数据关联的管理新视角。

结合无人机应用技术,选择相应的遥感技术设备和高速公路建设管理系统,研究两者之间的契合点,基于3S(GPS、RS、GIS)技术在系统中的集成应用,可分别从工程质量、安全、进度三个方面开展高速公路建设智能化管理。通过调研分析不同遥感器在工程中的应用场景,开展相关试验,深入研究无人机超低空遥感技术在高速公路建设中的应用方向。开发高速公路建设管理系统,通过GIS可视化的形式对全线、各标段、各重要工点的施工现场质量、安全、进度情况进行综合展示,为不同权限的用户开放不同的功能,提升项目管理的精细化、信息化水平,实现高速公路施工现场可视化、信息化、平台化管理。

(3)工程检测。

目前大部分公路建设已基本完成,公路养护管理及病害及时发现处理变得尤为重要。一方面,随着经济的迅速发展,公路网交通流量显著增加,超载现象频发,对公路造成严重破坏,加之已建成道路长期受日照、雨淋、风化等自然因素影响,公路损坏情况日益增长;另一方面,公路管理和养护方面专业技术人员缺乏,在养护经费方面投入相对较小,多种原因造成公路在刚受损时无法得到及时养护,导致破损程度加剧、养护费用进一步增加。因此路桥病害的前期检测和养护特别重要。据不完全统计,路桥的损坏90%以上是由裂缝引起的,一般由线状裂缝发展到网状裂缝甚至坑洞,逐渐侵蚀路桥。因此,研究路桥初级病害检测和处理对于公路养护管理具有非常重要的意义。

路桥病害的检测现已逐步从主要依靠人工巡检和目视判断过渡至自动检测和人工辅助相结合阶段。例如,借助搭载多镜头及GPS/POS(Position and Qrientation System)的移动测量检测车,高速采集公路和桥梁表面信息,具有采集精度高、可控性强、高效可靠的优点。但是路面测量检测车有其局限性,即只能获取公路表面的病害信息,对于公路桥梁侧面或者桥墩、斜拉索等结构的勘查依然需要依靠有经验的检测员目视判断和手工量测。飞行载具可以不受地形限制,不受交通堵塞影响,沿直线飞行,不需要通过出入口,可直接进入封闭的高速公路上空进行观测,从而实现以较短时间对路桥进行全方位的检测,且不占用有限的公路资源。随着各种无人机的研发和各类传感器的小型化,作为一种重要的多维信息载体,搭载各类传感器的无人机应用在路桥检测领域受到越来越多的重视。

无人机机载系统可搭载多种传感器,如高分辨率相机、激光扫描仪、热红外相机、GPS定位系统、POS高精度位置与姿态测量系统,根据具体用途灵活选择传感器。选择恰当的无人机,通过飞控手操作和航线规划,能够轻松从测量人员难以抵达的位置和视角来观测路桥,无人机搭载的高分辨率镜头能够拍摄到高清路桥表面影像,并将影像及时传回地面系统,结合先进的影像处理方案,高效进行病害定位和信息提取,从而实现对高速公路的定向检测,实现对高速公路的智能化工程检测。

3)工程应用

利用无人机快速获取高速公路建设施工现场数据信息,增加对复杂作业工点的检查频率。通过对现场原貌进行三维还原,实现数据可追溯,从工程质量、安全、进度管理三个方面实现项目建设的施工信息化管理,提高施工现场管理效率、降低管理成本。

(1)全线进度管理。

利用无人机快速获取全线施工进度信息,从而使管理人员在计算机上能直观、全面地掌握工程进度。全线三维模型如图5-100所示,全线进度管理如图5-101所示。

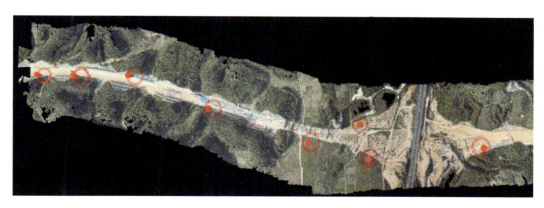

图5-100 全线三维模型

(2)边坡管理。

利用无人机对边坡坡口线、坡率、安全防护情况等重要的进度、质量、安全信息进行快速复核,及时发现质量隐患,减少工程损失。现场数据采集如图5-102所示,边坡三维模型如图5-103所示。

图 5-101　全线进度管理

图 5-102　现场数据采集

图 5-103　边坡三维模型

(3)桥梁管理。

利用无人机对桥梁施工现场信息进行采集,动态反映桥梁建设过程,对现场安全防护情况进行无死角巡查,对护筒中心位置等进行全面质量检测。桥梁三维模型如图5-104所示,桥梁安全管理如图5-105所示。

图5-104　桥梁三维模型

图5-105　桥梁安全管理

基于无人机的超低空遥感技术在惠清高速公路项目的示范应用,产生了较好的经济效益,可有效降低人员和设备的投入,及时发现现场施工问题,有效降低了工程管理成本。在社会效益上,利用无人机超低空遥感技术获取施工现场信息,具有获取效率高、人员安全性高等优势,有效避免了人工作业产生的安全及质量隐患,对于推动绿色、智慧高速公路建设,具有重要的研究意义和应用价值。

### 5.1.6.2 高速公路建设管理一体化信息平台技术

1) 惠清高速公路项目面临的相关技术问题

既往高速公路建设项目中,对于建设工程软件,如建设管理系统、质量管理系统、监控系统等软件设施都是采用施工单位与各供应商签订合同,不利于建设招标程序规范化和工程实体建设管理统一化。此外,项目对于软件服务器均采用"一软件一服务器"的模式,并未开展软件集成,一个项目需搭建多台服务器,资源配置需求高,效率较低。

随着信息化建设的逐渐深入,项目建设管理涉及的应用软件较多,软件间联动性差,登录操作烦琐,界面设置五花八门,同一数据在不同系统中需反复录入,不利于项目统筹管理。

惠清高速公路项目参建单位众多,进度工期紧,质量要求高,亟须建立和实现一种可应用于全场景、全过程的质量、安全、合同、计量支付等的综合管理平台。平台需包含多种接口,打通项目建设的信息流、数据流,提升项目管理品质。

机电工程、系统建设是保障高速公路投入运营的"最后一公里",一直存在体量小、工作界面差、工期不能保证、协调工作量大等问题。此外,还存在很多普遍性问题,诸如经验式管理,建设管理缺乏专业性、体系性;项目前期工作简单、粗放,忽视前期工作;缺乏项目建设策划,目标、理念不清晰;现有招标模式下硬件品牌选型难,软件关键功能落地难,软件研发跟不上技术发展;机电项目点多线长,专业范围广,质量、安全管理体系不健全,很难有效执行等。

2) 推广应用的技术

在大数据时代下,通过建设高速公路项目建设管理一体化信息平台,以工程分解结构(单位工程、分部工程和分项工程)为基础,将各项管理业务串联,以全项目寿命周期、全项目业务参建单位、全项目管理职能的信息化管理为基本功能,通过项目高效沟通、各方协作和项目控制实现项目全过程标准化、规范化、精细化管理,信息资源整合、数据汇总展现和审批流程的上下贯通。通过提高管理人员的决策能力,实现高速公路的可持续发展和增值服务。

其主要特点如下:

(1)建立统一的协作管理平台。从整体规划和设计上考虑项目建设的质量、造价、进度、安全,实现业主对建设全过程的动态管理和实时监控。有效实施对建设项目质量、造价、进度、安全的控制和合同、信息的管理,从总体上有效控制工程造价、增加工程管理透明度,进一步提高项目管理水平。

(2)统筹规划,提高便利性。通过建设管理一体化解决方案,从各个成功项目中吸取经验,综合考虑各个业务系统集成方案,在总体规划上为项目建设提供全过程、全方位的管理和业务流程,为项目提供整体解决方案。

(3)为项目建设管理提供决策支撑。建设管理一体化信息平台通过各类建设数据,采用云计算和超融合技术,构建高速公路建设数据的云平台,实现云端服务和共享,是未来交通大数据运用的重要组成部分。平台提供了高速公路建设期完整、准确的数据,通过数据挖掘和融合处理,可以建立高速公路建设模型,为建设管理人员提供技术支撑和决策参考。

3)工程应用

(1)完成子系统一体化平台架构及集成。

为打通惠清高速公路项目建设过程中多个业务系统之间的壁垒,关联业务数据,实现信息系统与实际经营和管理工作的深度融合,将开发的11个子系统统一整合,建立统一管理的一体化综合平台。在一体化综合平台下,用户不再需要从各个子系统分别零散登录使用,操作简洁,且具有可扩充性、安全性、实用性,将大幅度提高建设项目的管理水平和效率。

开发和应用的一体化平台主要功能如下:

①平台各子系统用户界面友好,便于操作。

②统一用户管理,在综合平台中实现各个子系统的单点登录功能,各子系统独立管理用户权限,实现用户对本子系统的权限控制,平台中每个角色所对应的数据和功能可根据需求进行设置。

③平台统一管理具有共享意义的数据的查询及统计报表。可以根据用户需求自定义统计查询报表,方便用户生成各类需要的报表数据而不需要进行软件修改,并有导出 Microsoft Excel(微软公司办公软件的组件之一)及报表打印等功能。

④平台统一展示各个子系统的待办事宜及报警信息等,待办事宜及报警信息的具体处理操作需进入各个子系统中进行操作完成,系统间的切换友好、快速、流畅。

⑤平台从全寿命周期角度充分考虑系统的扩展性,可不断扩展系统的应用,实现子系统功能和各类设备的集成,在功能方面可集成各种系统,比如信息化类的公路项目建设管理系统、交通工程质量管理系统,生产管理类的视频监控、人员定位系统等。在设备集成方面,可实现各种设备的接入集成,比如视频监控设备、人员定位设备、拌和站数据采集设备、路面摊铺监测设备等,支持各类标准与不标准的设备协议接入,支持为上级或第三方提供数据接口,平台在功能和设备集成接入时不改变系统的框架,具有良好的兼容性和可扩展性。

⑥平台可实现灵活部署的功能,分布也可集中,可分级也可不分级实现,可根据项目的具体情况来满足需求,便于维护。

⑦平台可实现多点共享,供管理部门、施工单位、监理单位等多个部门及管理人员同时在不同地点共享信息、系统综合分析信息、查询各类数据历史报表等。

开发完成并达到以上功能要求的信息平台主要具有以下特点和优势：

①系统应用一体化。采用"一个设计、一个系统"的架构设置理念，涵盖建设管理整个领域，具有低成本、部署灵活、一体化运作、使用便捷、用户操作界面友好的等优势。实现项目建设过程的监管平台，统一将项目各业务应用系统的信息集成到监管平台中，方便集中式管理，主要包含统一用户中心、统一任务中心、统一数据中心"三大中心"。统一用户中心对项目内各应用系统中的用户信息进行集中储存、集中管理、集中认证。统一任务中心为各业务应用系统提供统一任务展示、任务处理、任务跟踪、通知与公告展示、传阅信息、项目新闻等集中式管理。统一数据中心为构建项目级数据信息交换共享中心和综合统计查询与分析平台。

②施工现场智能化。随着计算机技术在工程建设领域应用的推广，可对施工现场工地实施有效监管，对施工现场的安全生产、文明施工、消防保卫等情况进行有效监控。通过视频监控、环境监测、施工动态数据采集、人员身份识别和定位等智能化手段，及时了解和掌握施工过程信息，作出高效决策。

③数据呈现指标化。借助于计算机智能分析(BI)工具和数据仓库技术，对项目建设采集的数据进行深度挖掘和多维分析，形成关键决策指标和动态预警信息，有效协助各级管理人员实时掌握项目施工现场的进度、质量、安全等综合信息，可以快速抓住管理要点。数据指标化具备准确性、创新性和简洁性等特点。

④项目管理云端化。利用云计算和云存储技术，通过移动管理平台实现移动办公。现场的所有管理行为通过手机移动端设备对云端的访问予以流程化和量化，使现场项目施工管理信息化、标准化、规范化建设一步到位，有效提高项目施工现场管理的工作效率，提升管理品质。通过云中心和移动管理平台的便捷操作、及时沟通，全面掌控实时、动态的项目进度、质量、安全等全部生产过程。

(2)完成11个施工期子系统的建设开发。

①公路项目建设管理系统。公路项目建设管理系统贯穿公路建设管理全过程，为招投标、清单、概算、合同、计划、变更、进度、计量、质量、支付等项目建设全过程提供一体化计算机管理，实现了对建设过程全程动态管理和实时监控，有效实施对建设项目的三大控制(质量、造价、进度)和两大管理(合同、信息)。

针对惠清高速公路项目建设需求，开发的系统包含了合同管理、造价管理、计划进度管理和材料管理四个模块。通过将需要的信息直接在其他相关的功能模块内采集并自动计算，减少人工对各业务数据进行相互转换的工作量，可提高数据的准确性和处理速度，真正体现了对业务全面管理和信息化管理的优势，使项目管理人员从繁重的数据统计工作中解脱出来，使更多的精力投入到现场或更有技术性的管理工作中去，切实提高了项目的管理水平。

②交通工程质量管理系统。交通工程质量管理系统应用于从工程开工到交(竣)工验收

的整个过程,将惠清高速公路项目的质量和监督管理各业务系统进行资源整合,使之成为一个集信息收集、发布、管理、统计分析及决策支持的综合性质量管理系统。系统集成了行业管理、过程控制、数据采集、综合分析、验收评定等功能,建立了省级交通工程质量数据中心,为工程建设质量同步管控提供整套解决方案。主要功能包括:资质资信管理、规范统一的质量表格、施工质量管理、自动质量评定、统计分析、质量追溯、电子签名。

③安全信息管理系统。安全信息管理系统用于惠清高速公路项目全体参建单位,可有针对性地对安全施工重点防范区进行动态管理。以涵盖建设项目的安全生产管理业务,施工单位对安全管理的自检、监理单位对安全管理工作的抽检、业主单位对安全管理工作的巡检,以及上级管理单位对各项目安全管理工作的监管为主线,通过对在建项目的安全资料管理、风险源管理、安全检查、隐患整改和监控,形成闭环管理,使施工中潜在的安全隐患处于受控状态,使安全管理工作逐步走向科学化、系统化和规范化。主要功能包括:安全基础工作、危险源数据库、隐患排查、应急管理、安全宣传、辅助办公。

④交通建设项目档案系统。交通建设项目档案系统是基于互联网,依据《中华人民共和国电子签名法》等法律法规,实现电子文件管理、案卷编制、档案专项验收、档案移交与接收、查询利用服务及分析管理的综合档案业务管理系统。经广东惠清高速公路有限公司(以下简称惠清公司)授权,系统采用数字签名技术,实现惠清高速公路项目工程电子文件长期保存,并存有电子签名,具有纸质档案的特性,可脱离任何管理系统读取 PDF(Portable Document Format)电子文件,文件中能验证数字签名的有效性,符合电子文件长期保存的要求。

电子档案文件形成过程曰计算机产生,通过电子签名,直接形成电子文件的电子签名、收集组卷、归档管理过程的电子签名,全过程无纸化,大大减少了工作量和提高了工作效率,减少资料浪费,节省了大量的人力财力,避免出现原始书面资料易丢失、损毁等缺点,省去了项目后期收集整理竣工资料的烦琐重复劳动,大大加快了信息的处理速度,从而提高了工作效率,使工作更加系统和规范化。此外,还可避免档案分类及现场资料编制规则不统一、档案编制时间长、效率低、费用高等缺点。

⑤农民工工资管理信息系统。据估算,每年高速公路建设所需农民工人数保持在 5000 人以上,高峰时人数多达万人。如果疏于管理,将可能导致施工单位或劳务公司拖欠农民工工资问题频发,很大程度上将会影响项目的建设进度、质量和安全。因此,惠清高速公路项目率先在建设项目农民工工资管理中提出十项管理机制,确立项目业主主导的农民工工资管理全新模式。运用先进的计算机信息技术,完成了农民工工资管理信息系统的开发和应用,解决了农民工工资管理环节多、监管难的难题,为防范劳资矛盾纠纷奠定了坚实的基础。

农民工工资管理信息系统包括合同管理、人员信息(姓名、年龄、家庭住址、身份证号码、联系电话等基本情况,同时根据不同标段还将细分为:工种、工资标准、进场时间、离开日期等内容)、工资发放、数据统计、工资监管、风险预警(发放比例占工程款的百分比,预警管理分红、黄、绿三种色谱信号,分别对应"整改、关注、正常"三种状态)、信用建档、综合评估、用户管理、权限管理等功能模块,并全过程进行覆盖和监控。

⑥重要工点视频监控系统。根据惠清高速公路项目建设路线长,桥隧比高,工期时间短的实际情况,为了避免项目实施过程中随之而来的各类安全事故、突发事件的发生,加强施工现场的安全管理,确保生产和经营活动顺利进行,项目开发和应用了重要工点视频监控系统。

该系统根据辨识确定的危险源,在项目建设期及空间范围内,利用先进的通信技术、视频技术和互联网技术进行实时视频监控,从而将危险源纳入事前预控、主动防范和过程监控的全方位预防控制中。通过在特大桥、隧道和大型互通式立交桥等施工工点设置视频监控点,对施工现场进行实时监控,通过网络把视频数据传输到远端的监控中心,进行数据保留。在无人巡查的时间段内,视频监控点还可以通过多种形式监测到施工工地的异常变化,并可发出告警,提醒远端监控中心施工现场有异动,通过施工工地视频监控系统可实现对施工工地的实时监控,达到事前规范、事中管理、事后取证的功能,同时辅以质量、进度监控。

⑦路面管控一体化系统。为保障惠清高速公路项目路面施工质量,建立路面管控一体化系统,从沥青原料出库、运输、生产到再次运输和摊铺全过程,以及水稳层材料拌和进行严格监控。

具体包括:施工前质量监控、施工过程中的质量监控(沥青混合料生产质量过程监控、沥青混合料运输过程监控、沥青混合料摊铺监控、沥青混合料碾压过程监控)、施工各个阶段产品质量监控、关键指标的实时监控与报警(沥青拌和站监控、沥青混合料施工现场监控、施工完成后的监控)、水稳层拌和监控。

⑧混凝土拌和站智能数据采集系统。惠清高速公路项目建设全线采用高性能混凝土施工,其原材料组分多达7种以上,从配合比确定、计量、拌制到浇筑施工,工艺技术指标均有严格要求。为实时监控纠正,严格执行配合比,有效保障搅拌时间,及时发现和校正计量误差,有效实施过程控制,保证数据安全,实现事中主动控制,规范作业模式,形成标准化管理,提高生产效率,项目开发并应用了混凝土拌和站智能数据采集系统。

混凝土拌和站智能数据采集系统能够自动将混凝土生产线中的拌和时间信息、用料信息、任务信息、出料信息及其他操作信息通过无线或有线的方式汇聚到质量管理中心的数据库。系统对拌和站混凝土拌和生产过程中每种材料的实际用量和实际搅拌时间等指标与系统中设定的理论材料用量和理论搅拌时间等指标进行比较,并根据误差大小判断是否发送短信报警。当这些指标的误差大于规范允许的误差时,系统自动向管理责任人员发送手机短信报警;当指标的误差在规范允许的误差范围内时,系统自动储存监控数据备查,但不发送手机报警短信。管理责任人员根据收到的手机报警短信采取干预手段,报警短信可根据管理机构组织模式和问题的严重程度设置多级报警,实现不同强度和级别的过程监控干预。

⑨隧道定位及考勤门禁管理系统。在隧道工程安全施工建设过程中,施工人员安全管理始终是各参建单位关注的问题。从隧道施工实践经验来看,控制施工人员在隧道中的出入,及时动态掌握洞内人员的进出情况,准确掌握在隧道内施工的人员总数和具体人员,准确掌握隧道内危险区域的人员总数及具体人员,可以推断生产是否有序,人员是否到位,监测检验人员工作是否正常等,是保证人员施工安全的一个关键环节。

根据隧道的施工计划及项目管理需求,开发隧道定位及考勤门禁管理系统,对长度大于800m双侧对向开挖的隧道进行监控管理。在双侧对向开挖的隧道两端各设置一套隧道定位及考勤门禁管理系统。

隧道定位及考勤门禁管理系统是在隧道口、掌子面、二次衬砌台车等重要位置安装无线定位基站(433MHz)和无线定位与激发基站(125kHz+433MHz),施工人员随身携带人员定位标签。考虑到人体健康问题,人员定位标签采用双频模式设备(双频125kHz+433MHz),标签平时处于休眠状态,并不主动发射任何信号,只有当人员定位标签进入隧道激发区内接收到125kHz激发信号后,才发射载有目标识别码的433MHz射频信号,由定位基站读取人员定位标签信息,从而获知人员所处的位置及时间。掌子面和二次衬砌台车的定位信号通过以太网交换机和无线网桥,实时远程传输至隧道口值班室中的现场控制工作站中,并上传管理中心接入一体化平台。

⑩无人机辅助监控系统。在高速公路的建设阶段由于高速公路的一般特性是距离长、施工难度大,通常需要分段实施,最终以对接的方式建设。在公路未建成通车之前,建设工地多为偏僻区域或山林地带,这些特点给监管部门对建设工地的实时情况监管带来了困难,利用无人机巡视监控能有效地解决这个问题。

惠清高速公路项目全长约126km,大部分地处惠州、从化偏僻山区,业主对工地进度和施工状态很难第一时间准确掌握。虽然项目已设置28个固定监控点,但仍不能覆盖所有施工点,因此,开发和应用无人机辅助监控系统,是对重要工点视频监控系统最好的补充和辅助手段。

无人机系统主要由无人机机体、三轴自稳云台和摄像机、地面站、遥控器及综合控制软件系统等组成。系统可通过遥控器或地面站来操控无人机,指挥中心在客户端上对无人机实时画面和轨迹进行观看。无人机地面站自带显示屏,可查看无人机采集的图像。

无人机在高空中采集视频图像,管理人员可实时查看,实现对施工概况的宏观把握和各类人员设施的微观掌控。可以通过遥控器和地面站软件对无人机挂载的云台进行操控,实时调整摄像机的拍摄角度,以看清目标细节信息。可以控制的云台动作包括:俯仰、横滚和变焦。

无人机的飞行数据可以通过数据传输链路传到地面站,地面站软件包含无人机飞行参数显示栏,可支持显示航向角度、偏航角、水平和垂直速度、飞行高度、距目标点和地面站的直线距离,以及云台的俯仰角信息,便于操作人员了解无人机当前的飞行状态。

当发生严重自然灾害和交通事故等突发事件时,快速运用无人机,可不受地形限制和现场危险污染源影响第一时间飞往事发地点,为管理中心采集第一手视频资料,帮助指挥人员了解现场情况,从而掌握全局、通盘指挥和正确疏导,为抢险救灾工作赢得宝贵时间。

针对施工动态进行航拍巡查,管理人员可通过遥控无人机在最短时间内获取现场第一手资料,准确掌握施工进度,尤其针对项目关键工序、高风险工序等实现全程动态监控,记录施工进程。

对大型桥梁设施、隧道沿线等目标,通过携带无人机对巡检目标进行全方位高清视频采集和精确定位,提高工作效率,降低工作强度,保证工作安全。

根据实际的监控需求,本系统设置1套中型无人机系统和3套小型无人机系统。两种系统共用两套地面站,能兼容运作,并提供接口实现视频图像在管理中心监控平台上展示。

⑪文件安全传输系统。随着惠清高速公路项目建设工作的开展,各标段施工单位需要与业主进行业务访问及数据交互量也越来越多。由于施工单位、监理单位自身的网络结构简单,未设置任何安全防御设备,容易受到互联网上的各种病毒攻击。这些问题将给系统带来数据泄露、窃取、利用及内网终端感染病毒木马等安全风险,给建设公司带来不必要的负面影响和工作难度。

因此,根据广东省交通集团颁发的《广东省交通集团有限公司信息化工作管理办法等三个规章制度的通知》(粤交集信〔2012〕1号)、《关于进一步加强保密工作通知》(粤交集〔2011〕9号)、《关于加强重要信息系统和重点网站安全保护工作的通知》粤等保办〔2015〕67号、《关于配合做好信息安全专项整治工作的通知》(粤交集信〔2016〕信2号)等要求,以及惠清高速公路项目面临的标段访问本部所带来的安全问题,本系统建立了一套文件安全传输专网系统,保障业务的安全性、数据的保密性、业务的稳定性。主要内容包括:

a. 建立惠清公司与施工单位间的安全组网。

通过建立文件安全传输系统,在惠清公司与各标段间搭建一个数据传输专网,使惠清公司的业务系统无须暴露在互联网上,公司的各信息系统均可安全、保密、畅通地运行在文件安全传输系统中。

b. 实现惠清公司移动办公专网。

惠清公司及各标段办公人员有远程实时访问项目信息系统的需求,如办公自动化(OA)、财务系统、收发文系统等,以往采用将系统发布在互联网上的方式,采用账号登录的方式访问,带来了不小的安全隐患。本系统采用VPN(Virtual Private Network)技术,利用系统的安全性和良好的移动性,很好地实现远程办公。公路项目监控信息中心如图5-106所示,建设管理一体化系统主界面如图5-107所示,手机App主界面如图5-108所示,混凝土运输车现场调度指挥如图5-109所示,混凝土运输车调度系统界面如图5-110所示。

图 5-106　公路项目监控信息中心

图 5-107　建设管理一体化系统主界面

图 5-108　手机 App 主界面

图 5-109　混凝土运输车现场调度指挥

图 5-110　混凝土运输车调度系统界面

(3)完成 PC(Personal Computer)、移动和大屏互联互通的端口建设开发。

传统机电系统软件分散,无法整合,形成信息孤岛。惠清高速公路项目使用数据集成、单点登录等技术手段,整合机电系统软件,形成业务系统集成应用中心。

传统项目报警信息分散,不能融合,无法印证,系统自动化、智慧化程度低。惠清高速公路项目以数据为依托,将多类报警信息实时接入集成应用中心,多类报警智能自动提示,形成了智能融合多源报警中心。

传统系统能耗按高标准实施,机电设施无法全生命周期管控,机电设备质量不佳,更换频繁。惠清高速公路项目路域环境因有绿色环境保护要求,建设中,实施了实时流量及现场光强的隧道照明调光系统和高质量机电设备,进行了环境保护监测应用建设,形成了绿色节能高速公路中心。

惠清高速公路项目建设的智慧运营一体化软件平台,采用融合通信技术,在 PC 端、移动端、大屏端形成联动。PC 端多业务系统集成平台,操作人员方便操控;移动端事件移动处置,用户移动上报,及时准确;大屏端高分辨率全景指标展示,多场景适应不同管理需求。采用分层架构,在监控现场设备支撑下,形成路段级一体化平台,并对上连接上级管理部门,横向连接合作方和相关单位。

PC 端系统:智慧运营一体化软件平台已经集成了主要业务系统,对关键业务采用深度集成,对独立系统采用单点登录集成,对专用业务系统采用数据对接,形成集成门户。平台实现了实时路况展示、路网资源整合、系统门户集成、基础资源管理、统一告警预警、统一用户管理等功能,以资源为中心实现高速公路营运信息整合,实现对高速公路运行情况的全局监控、统一报警。平台门户形成了统一报警中心,对各个应用系统产生的报警进行汇总并通过声光提醒监控人员。集成业务平台整合了主要业务系统,使用几个 PC 终端就可以完成业务系统,大大减少了 PC 终端设置量,达到了减员增效目标,体现了绿色节能理念。

①PC 端南昆山隧道安全三维监测系统(图 5-111)。针对隧道环境和交通组织较为封闭、特殊的情况,整合事件、报警、设备运行、视频、环境监测等各类数据进行全景全局监测,实现多源数据融合(气象信息、空气质量信息、能见度信息、光亮照明信息、有毒气体信息、火灾消防信息、交通流量信息、危险化学品运输车辆信息、交通异常信息、行人信息)。

图 5-111 南昆山隧道安全三维监测系统

实现了以第一人称视觉自动巡检。可以直观看到隧道内设备、设备的状态和事件状态。在三维系统界面中,可以直接进行设备控制,控制操作后就可直观看到设备的状态。可以进行设备定位并显示设备状态数据、采集数据,视频设备还可以直接观看实时视频。三维系统中显示了事件信息,并可以通过简单操作查看事件附近的实时视频来确认事件。同时隧道全景综合监控系统可实时、全景展现隧道设备、事件状态。在异常情况发生时,以实时监控信息作为指挥依据,以交通设备远程控制作为手段,可方便合理地组织交通并诱导隧道的车辆、人员迅速疏散。

②PC 端隧道内 FM(Frequency Modulation)植入广播系统(5-112)。本系统针对隧道高噪声环境,解决了隧道广播和提醒、报警语音进车需求,更清晰的语音提醒和预警及时提供给驾驶员收听,引导车流,温馨提示驾驶员在隧道内的驾驶规则,提醒前方路况,预防事故发生。针对每条隧道的不同安全特点,有针对性地进行语音播报。系统与紧急电话、隧道广播系统同址设置,统一管理。平时转播,必要时植入提醒和预警信息,驾驶员使用收音机即可清晰收听预警提示信息。本系统的建设提供了一种新手段将信息发送车内,同时,惠清高速公路项目还在互通分流点、收费站设置有限广播系统,用于应急分流时的信息发布。

图 5-112　隧道内 FM 植入广播系统

③PC 端隧道内车辆滞留监测系统。目前高速公路都建设了视频事件检测系统,辅助监控人员可快速发现事件。系统使用视频监测和学习技术,通过高清视频监测判断发生的行人、停车、逆行等影响高速公路行车安全的事件信息。但是,这类系统也存在明显业务痛点,使用视频监测和学习技术检测出的事件,存在误报、漏报等问题。特别是漏报,将严重影响行车安全。惠清高速公路项目在此背景下,建设了隧道内车辆滞留监测系统。隧道内车辆滞留监测系统利用门架收费信息和车牌信息,实现隧道内滞留车辆智慧监测和报警。在没有增加设备投入的情况下,通过智能分析,及时预警,辅助事件检测准确定位事件。本系统充分利用隧道前后收费门架交易数据和车牌识别数据,根据时域算法判定隧道内滞留车辆,对隧道内视频事件检测系统检测出的停车事件进行有效补充。隧道前后收费门架车牌识别如图 5-113 所示。

图 5-113　隧道前后收费门架车牌识别

④PC 端隧道智慧调光系统。目前应用于高速公路隧道的照明灯具主要有白炽灯、金属卤化物灯、紧凑型荧光灯、荧光灯、高压钠灯，以及 LED（发光二极管）照明灯具等。其中白炽灯光效低、寿命短，抗震性能较差；金属卤化物灯闪烁明显；高压钠灯光效最高，可达到 120lm/W，虽然光效高于其他光源，但是它的显色性差，使用寿命短。目前，在国内高速公路隧道的照明系统中，大部分隧道采用高玉钠灯作为照明灯具。随着照明技术的快速发展，LED 照明灯具比高压钠灯灯具有更好的节能效果，灯具亮度可调，可根据隧道内照明亮度需求进行实际控制，LED 照明灯具以其固有省电、寿命长、耐振动、响应速度快等特点，目前已经在国内隧道照明中得到了广泛的应用。

目前隧道照明节能技术的智能调光技术，高速公路隧道绝大多数采用时序加分级的调光控制模式，将不同时段的照明控制预案输入照明监控计算机，通过远程自动控制和人工判断天气情况的方式，辅助控制隧道内加强段和基本段相应的照明回路的开通和关闭，以满足洞内外亮度差异的调光节能需要。近几年新建的公路隧道，虽然采用了 LED 节能灯具，但调光控制模式仍然简单粗放，没有考虑隧道车流量和洞内外实际亮度，缺乏专业的隧道照明调光模型，无法充分发挥 LED 亮度可调的优势，远远达不到节能减排的效果，造成过度照明和电能的巨大浪费，同时也产生了隧道照明亮度不均匀的现象。

惠清高速公路项目认识到隧道照明指标的设计取值按远景最大交通量进行配光，在初期交通量不足的情况下将造成"过亮"浪费能源。由于同一路段不同区段的隧道交通流量差异较大，使用相同指标和控制方式进行照明控制，将造成浪费。具体做法如下：

根据现行《公路隧道交通工程设计规范》(JTG/T D71)的要求,隧道等级划分为 ABCD 四类,划分依据根据隧道长度和日均车流量,隧道的调光与隧道的等级有关。

根据现行《公路隧道照明设计细则》(JTG/T D70/2-01)的相关规定,隧道照明设计根据交通量变化、洞外亮度变化、季节更替等多种工况制定调光及运营管理方案。按照不同季节、不同天气、交通量变化,调节隧道入口段、过渡段和出口段的亮度,以使隧道内加强照明亮度适应于洞外亮度变化,从而使隧道照明更加科学合理,获得节能效果。惠清高速公路项目明确了将光电诱导标从原来的洞口 300m 更改为全线,进一步提升隧道行车安全。

同时,在满足现行规范要求的基础上,突出精细化控制,提高服务水平,保证行车安全舒适,惠清高速公路项目对隧道照明智能调光方案进行了专题优化设计和评审,形成了适合其运行特点的专项方案。隧道调光方案采用两类技术实现,对西部隧道群,车流量较大,在满足现行规范要求条件下,根据隧道洞外光强智能进行调光;对于东部隧道群,初期车流量非常小的状态,采用了激光雷达检测车辆,根据来车情况适时关闭非必要照明的方案调光。惠清高速公路项目隧道智能调光管理系统如图 5-114 所示,惠清高速公路项目隧道照明雷达探测器如图 5-115 所示。

图 5-114　惠清高速公路项目隧道智能调光管理系统

图 5-115　惠清高速公路项目隧道照明雷达探测器

目前隧道智能调光节能效果显著。项目采集了高山顶隧道、大坪隧道的能耗运行数据。车流调光(大坪)方案运行后,日均节电 1246kW·h,节能 45%;光强调光(高山顶)方案运行后,日均节电 2700kW·h,节能 67%。

⑤PC 端桥面径流监测系统(图 5-116)。惠清高速公路项目部分路段穿越生态敏感区域,对环境保护的要求非常高,用人工的巡查无法实现全时、全天候监测需求和水质判别,因此,需要设置专用监测系统对路域桥面径流污染物进行远程、动态、全时监测和控制。在惠清高速公路关键点位,在流溪河、南昆山生态敏感区实施建设了桥面径流监测系统。系统实现桥面径流分析、自动处置不符合标准的环境污水,包括 pH 值、导电率、水中油、浊度等指标的检测。保护路域环境,体现绿色发展理念。

图 5-116　桥面径流监测系统

⑥PC 端光纤在线监测系统(图 5-117)。全国联网后,数据通信、门架运行直接影响高速公路收费工作,对通信核心部件——光纤的监测显得尤为重要。而现在的情况是,路段光纤故障无法自行发现,需要等到上级机构通知,维护工作无法及时。光纤因故中断后,查找断点位置困难重重,恢复缓慢。为解决这些问题,惠清高速公路项目建设了光纤在线监测系统。系统具有自动监测光纤状态、故障预警、断点自动测量等功能,实现了预防式主动管控光路状态。同时,系统提供快速手段定位故障点,定位计算考虑了人井盘留,定位桩号准确。

⑦PC 端边坡监测系统(图 5-118)。惠清高速公路项目沿线滑坡、崩塌、软土路基等不良地质分布广泛。自动监测、自动报警需求迫切。在这样的地质环境下,惠清高速公路项目三级边坡建设边坡监测系统,实现了自动监测边坡状态、自动报警危险因素、统计报表分析。系统采用了边坡监测光纤进行监测,主动发现边坡位移,提前预警,安全管控。同时,报警信息汇聚到一体化平台报警中心,集中管控。

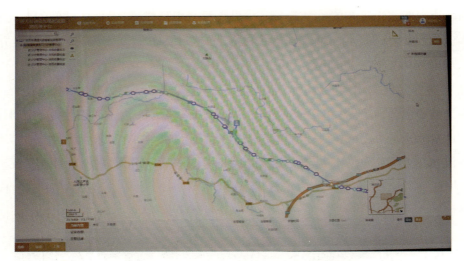

图 5-117　光纤在线监测系统

图 5-118　边坡监测系统

⑧PC 端机电运维平台(图 5-119)。机电设备运维存在很多管理痛点,包括备件仓库管理效能低、不精准,造成浪费;设备损坏或达到生命周期是否需要维修和更换无法判断;设备维护时效性不高,过程管理监督不健全;日常巡检频次无法有效监管;自动监测、自动报警需求迫切等。为解决这些痛点,提能增效,建设和使用了机电运维平台。系统实现了资产全寿命周期管理、系统故障报修、设备在线监测感知、统计分析功能。使用该系统,管理中实现了机电设备资产的全寿命周期的管理和预防性养护,完成设备在线监测,及时发现设备故障。

⑨移动端一键救援小程序(图 5-120)。传统监控中,对事件的处置存在诸多痛点,包括路上出现事故后,报警人无法清晰表述自己的位置;监控人员与现场沟通环节时间长,抢救延误;路上报警需要交警通知的多,事后处置的多;报警人无法记忆各种不同路段所使用的 App 来实现位置报送。为解决这些痛点,惠清高速公路项目通过微信,建立了一键救援小程序。高速公路驾乘人员通过一键救援小程序发起救援请求,利用手机的 GPS 定位功能,将事故定位信

息上传至监控中心,系统接收救援请求,推送消息至一体化平台,系统展示救援信息,监控人员可对救援单进行处理,实现事故位置快速定位,事件快速处理。

图 5-119　机电运维平台

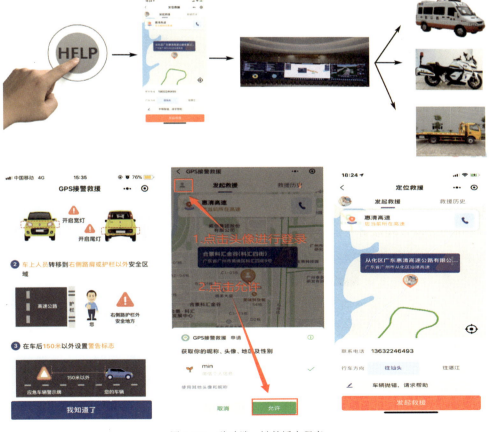

图 5-120　移动端一键救援小程序

第 5 章　惠清高速公路项目绿色建筑技术与管理创新

⑩移动端路政综合服务系统(图5-121)。根据路政业务阳光化路政管理的需要,路政服务存在路上巡察携带设备多的问题、人与数据分离需求的问题、路政人员综合素质差异问题、现场处置视频回传时效性要求的问题。为解决以上问题,建设了路政综合服务系统。系统实现了高速公路路政巡逻、赔补偿案件处理、违法案件处理、保险案件处理、行政许可审批、道路施工审批、路产报修等路政管理流程。实现了路政业务移动处理,提高了路政业务效率。

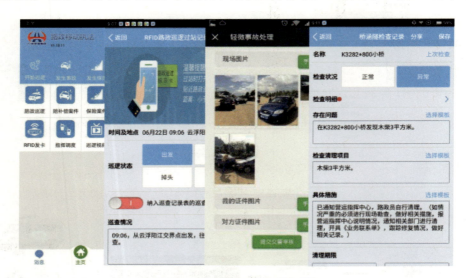

图5-121 移动端路政综合服务系统

⑪移动端工地小助手(图5-122)。移动端工地小助手实现了高速公路机电系统养护移动业务管理,实现了机电养护业务移动处理,提高了业务效率。

图5-122 移动端工地小助手

⑫大屏端高分辨率可视化平台系统(图5-123)。高分辨率可视化平台系统作为智慧一体监控平台的主要输出端,将数据和信息汇聚、关联,使用超高分渲染引擎等关键技术作为内核,完成构建多屏协同扁平可视指挥的实战应用系统。高分可视化平台与传统大屏的最大不同,就是将原来的"投屏应用"改为"数据展示应用"。惠清高速公路项目高分辨率可视化平台展示达到15360×2160分辨率,点对点显示,充分展示数据和应用细节,根据需求划分应用场景,与PC端实时联动,并根据业务需求,设置了多种场景。

图5-123 可视化平台系统

日常监控场景,对所辖范围内高速公路的运营数据、报警、事件进行显示。

应急指挥处置场景,调取事件上屏进行高分辨率可视化显示,实时显示事件处置过程、资源配置情况。

隧道监控专题场景,专题进行隧道监控,实时展示。

视频监控场景,调取路段的监控视频,对重点监控视频进行上墙放大轮播。

数据可视化场景,对事件和通行数据进行统计和指标化,以图表形式展示结果。

## 5.2 安全生产专项科技攻关

### 5.2.1 "两区三厂"建设安全标准化

#### 5.2.1.1 研究内容

鉴于惠清高速公路项目在"两区三厂"建设安全标准化方面的突出表现,惠清高速公路项目被列为交通运输部品质工程攻关行动试点项目。"两区三厂"建设安全标准化紧密围绕现阶段我国公路"两区三厂"建设现状,以本质安全为主线,以避免"两区三厂"建设发生群死群伤类事故为出发点,是对《高速公路施工标准化技术指南 第一分册 工地建设》中选址条件、建设标准和布局未充分考虑安全方面问题,以及对典型事故案例教训的总结、提炼和创新。

#### 5.2.1.2 主要创新点

(1)针对当前"两区三厂"建设标准不一、良莠不齐的现状,国内首次系统性明确重点环节具体要求,打造本质安全型的"两区三厂"建设标准化。

(2)针对不同区域"两区三厂"建设的实际需求,从设计、规划、选址、建设与拆除、运营等全过程充分考虑各类安全因素,通过制定验收程序并量化具体标准,提升了"两区三厂"建设过程中的可操作性和指导性。

(3)明确了"两区三厂"建设中不同功能区域分割、主要设施设备之间的各类安全距离。

(4)增加了"两区三厂"建设规划布局参考案例,及钢筋棚、储料罐、料仓隔墙、缆风绳等关键部位和设施的计算实例,更加直观、科学地指导后续"两区三厂"建设。

#### 5.2.1.3 课题成果

惠清高速公路项目"两区三厂"建设超前谋划、科学布局,安全、高效、平稳建设及运行,在全国范围内处于先进水平,历经近1年的攻坚克难,于2018年底高质高量地完成了《"两区三厂"建设安全标准化指南》。鉴于广东省在本次攻关行动中的优异表现,交通运输部安全与质量监督管理司于2018年12月7日发来感谢信,对攻关小组的工作表示认可并给予了高度评价。

2019年4月,人民交通出版社股份有限公司出版了《"两区三厂"建设安全标准化指南》,并在全国范围内发行。

相关成果如图5-124～图5-132所示。

图5-124 交通运输部安全与质量监督管理司相关领导一行参观惠清高速公路项目信息化监控系统

图 5-125 交通运输部安全与质量监督管理司相关领导一行检查指导惠清高速公路项目"两区三厂"安全标准化建设

图 5-126 "两区三厂"标准化建设并召开系列指南审查推进会

图 5-127 驻地标准化

图 5-128 驻地消防　　　　　　　　　　图 5-129 办公区标准化

图 5-130　钢筋加工厂标准化

图 5-131　梁厂标准化

图 5-132　拌和站标准化

## 5.2.2　广东省高速公路工程施工安全防护标准化

### 5.2.2.1　研究内容

2017年1月17日,广东省交通运输厅发文委托惠清高速公路项目开展"广东省高速公路工程施工安全防护标准化课题"研究和产品的先行先试。截至目前,惠清高速公路项目已完成安全防护标准化指南(以下简称指南)的编制任务,并同步充分利用指南既有研究成果服务和指导惠清高速公路项目建设,通过强力推行、应用整体装配式高墩墩身钢筋操作平台等 12 项现场安全防护标准化设施,打造惠清高速公路项目安全生产标杆,推动惠清高速公路项目标准化建设迈上新台阶。

### 5.2.2.2 主要创新点

(1)按照公路工程安全防护设施使用功能对其进行分类。
(2)按照功能分类提出公路工程施工安全防护设施标准化技术要求。
(3)编制公路工程施工安全防护标准化图册。
(4)研发公路工程施工新型安全防护设施。

### 5.2.2.3 应用效果

广东惠清高速公路项目作为公路工程施工安全防护设施标准化试点,在防护栏杆、安全通道、作业平台、防护棚、防护罩盖、抗风设施、支架设施、电缆敷设设施、防撞设施、警示设施、应急设施、其他防护设施等 12 大类设施进行了示范应用,主要是对指南内容适用性及安全防护设施的制造(加工)、使用情况进行验证,找准安全防护设施存在的问题和不足,对指南进行修订。

在此过程中,达到全面提升惠清高速公路项目施工现场安全防护标准化水平的目的,为施工单位在安装与拆除过程中提高其便利性、循环利用性、经济适用性方面起到了很好的推动作用,并对促进部分安全防护设施向模块化、装配化、专业化和工厂化发展提供了参考,进一步提高了惠清高速公路项目施工安全防护设施"本质安全"水平。

相关应用成果如图 5-133 ~ 图 5-146 所示。

图 5-133　安全防护标准化研究

图 5-134　广东省交通运输厅时任总工程师黄成造和广东省交通集团时任安全部长张家慧多次组织指南研讨会

图 5-135　惠清高速公路项目通过明确工艺、首件制和双优竞赛,强力推行防护标准化的先行先试

图 5-136　便道临边采用标准水泥防撞墩和反光警示柱

图 5-137 栈桥安全防护

图 5-138 泥浆池、沉淀池临边防护

图 5-139 圆柱墩、盖梁施工安全爬梯和操作平台

图 5-140 方墩施工安全爬梯和操作平台

图 5-141　移动式安全上下通道及张拉挡板

图 5-142　桥面临边及湿接缝防护、左右幅安全通道

图 5-143　桥面防撞护栏作业台车

图 5-144　墩柱一体化平台

图 5-145　盖梁施工平台

图 5-146　封闭式挂篮施工

## 5.3 管理创新

### 5.3.1 安全管理

1）推行安全生产管理清单

根据广东惠清高速公路有限公司（以下简称惠清公司）制定的相关安全生产管理办法，进一步明确工程技术部的"一岗双责"安全管理职责，通过每周更新"惠清高速公路项目重大风险源清单""安全生产工作周报""安全生产管理清单"，提示项目主要风险源和重大风险源，督促业主代表及时跟踪和反馈现场安全隐患治理进展情况，并对重大风险源进行挂牌督办。

2）及时启动抗台风"山竹"应急机制

2018年9月15日，惠清公司积极响应上级精神和指示，及时成立了"惠清高速公路项目防台风'山竹'24小时应急指挥中心"，在台风"山竹"来临前12小时，迅速完成各临建驻地、施工场地的防台风加固和工人的安全撤离，充分保障施工人员的安全，最大限度地降低了财产损失。同时，通过及时总结，形成了防台风长效机制。

3）落实安全首件验收制度

针对施工现场安全生产条件，对安全防护措施、安全生产条件等实施首件验收检查，检查合格后方可进行工程施工。

### 5.3.2 质量管理

1）实施节后复工前首件制度

2018年春节后，及时组织开展节后复工条件核查工作、全覆盖重新首件工作，高标准、严要求地抓好工程质量安全管理，切实加强全面质量管理（TQM）和全面安全管理（TSM）的落地，工程品质不断提升。

2）开展桥梁、隧道工程质量安全百天专项整治行动

针对旱季施工情况，制定并印发了《惠清高速公路项目桥梁隧道工程质量安全百天专项整治行动实施方案》，明确"百天专项行动"领导机构与工作小组、行动目标、总体要求、行动计划，列出行动工作问题清单和安全管控清单，抓重点标段、抓危大工程、抓专项方案落实，集中力量、全面排查、严格整治，深化桥梁和隧道建设工程质量安全管理。

3）现场推广先进工艺工法

针对施工现场先进的工艺工法、施工设备，及时组织现场推进会，现场参观、现场交流学习，推广普及先进的工艺工法、施工设备等。

4）实施路面施工设备、材料准入制

路面工程施工前，对路面施工机械设备、原材料进行实地考察，原材料进行试验检测合格后，方可进入项目开展施工作业。

5）配备管理工具包

结合工程管理特点，现场管理人员配备工程管理工具包，将施工图纸、检查工具（如卷尺、螺丝刀）等纳入工具包，便于现场管理人员进行管理及检查。

6）全方位监管监控环境保护、水资源保护工作

结合施工现场周边环境，严格落实相关环境保护、水资源保护法律法规，加强现场环境保护、水资源保护管理工作，如针对流溪河流域（杨梅坑、鸭洞河）实施全方位的环境保护、水资源保护管控，通过巡查、无人机航拍等手段，加强环境保护、水资源保护管理。

### 5.3.3　进度管理

1）坚持"四法"管理

坚持落实一线工作法、清单工作法、问题整改清单台账法和挂牌督办法，严格执行"四法"管理，全方位全过程跟踪施工进展，狠抓现场施工建设管理。

2）推行进度情况动态追踪管理

制定进度情况动态追踪台账，针对现场进度情况形成进度情况追踪台账，并明确要求、明确时限、明确责任人，逐条逐项实时动态跟踪现场整改、落实与执行情况。

3）签订现场施工"军令状"

根据现场进展情况，针对不同施工时间节点，工程技术部与项目部及时签订施工"军令状"，通过"军令状"，明确施工内容、明确施工时间、明确施工责任人，进一步提升项目部管理责任感。

4）启动分级约谈机制

根据现场施工进度情况，通过总监办、工程部门、公司领导三个层次，对应约谈标段项目部、项目部上级单位（分公司）、中标法人单位，约谈会议形成纪要文件，并实时跟踪落实情况。

5）组织开展个性化劳动竞赛

针对每个标段不同的施工进展情况，逐个标段分别制定不同的时间节点、不同的施工内

容,开展具有惠清高速公路特色化、标段个性化的剩余工程施工劳动竞赛。

6) 落实优秀激励机制

定期积极组织开展优秀工程管理人员评选评比活动,充分调动各参建单位施工管理积极性。

7) 定期进行无人机航拍施工现场

为进一步加强施工现场管理,全方面了解施工进展情况,定期对每个标段全线进行无人机航拍,制成项目全线航拍视频,并在公司监控中心播放,视频资料存档。

8) 严格执行片区管理

公司领导、部分经理对全线各总监办辖区实施片区管理,跟踪分管片区标段的现场管理情况,并实时解决现场存在的问题。

### 5.3.4 变更与技术管理

1) 创新变更管理方法

创新变更管理方法,提高效率,督促加快变更申报、审批流程。建立"三段制"管理责任体系,明确管理责任,针对变更方案、变更数量、单价与合同条款三方面,分段审核把关。定期召开变更联合办公会议,集中处理各标段变更问题。启用变更审核交接流转单,明确变更各环节交接时间、审核情况及存在问题和问题完善时间。

2) 建立专业技术专家库

充分发挥惠清高速公路项目各参建单位的人力资源优势,解决惠清高速公路项目各专业施工过程中遇到的重点、难点、质量通病等关键性问题,建立惠清高速公路项目各专业技术专家库,提供相关管理、技术论证及咨询、学习交流等服务。

### 5.3.5 档案管理

推行工程档案季度移交存管,通过加强参建单位档案管理规范化和系统化培训、落实参建单位档案人员工作考核机制、细化档案管理人员管理职责,进一步强化惠清高速公路项目档案管理体系建设,开展"季度质检资料评比奖励活动",有效激励了各参建单位档案工作人员的工作积极性。定期组织开展月度中间计量质检文件检查,开展各参建单位季度档案集中存管工作。

# 第 6 章 惠清高速公路项目建设全过程绿色实践

## 6.1 工程可行性研究、工程预可行性研究阶段

在工程可行性研究阶段,因涉及10个环境敏感点,各专题论证周期过长,为保证2015年底惠清高速公路项目按期开工,采取"分段核准、同期建成"原则开展前期立项工作。通过及早稳定线位、选定优质评估单位、倒排计划、严格审查报告、责任到人、例会报告制度、重点突破、专人跟踪等8大措施,仅用2个月完成一期立项、提前3个月完成二期立项工作。

## 6.2 初步设计阶段

项目以安全、经济、环保、文化、耐久、和谐为设计目标,以价值工程理念,全寿命周期成本理念,建管养一体化理念,统筹和精细并重、标准和灵活相结合的设计理念,绿色高速公路的设计理念,安全耐久性的设计理念,动态设计理念等七项设计理念为管理理念,总结以往项目设计工作存在的不足和薄弱环节,以问题为导向,未雨绸缪,综合施策,提升设计质量,取得了节约投资8亿元、减少占地118666.7$m^2$(约178亩)、减少土石方弃方32万$m^3$,施工图首创设置安全、环境保护、施工组织专章,取得"五化"服务区等一系列设计成果。

1)以问题为导向,提前总结

惠清高速公路项目总结了以往项目设计工作中存在的9个薄弱环节:

(1)建设单位统筹主导力度不够,尤其是与地方政府沟通协调方面;

(2)全寿命周期和建管养一体化的理念在设计中体现不够深入;

（3）专业设计间协同性有待加强；

（4）各阶段线位方案比选不够深入，主体工程设计不够精细；

（5）简单套用通用图，因地制宜的动态设计有欠缺；

（6）勘查与设计脱节的老问题；

（7）工程现场调研不足，勘测深度不够；

（8）设计对施工组织可操作性考虑偏少；

（9）生态、环境保护、水土保持设计深度不足。

2）综合施策提升设计质量

项目公司在设计工作中发挥主导核心作用，通过理念引领、管理创新、过程主导、制度保障、综合施策，与设计单位形成合力，极大地提升了惠清高速公路项目的设计质量，确保了设计目标的实现。

（1）积极主动，加强与地方政府沟通。

（2）强化地质勘查管理：①加大投入；②引进地质勘查监理工作；③制定地质勘查管理办法；④建立审查制度；⑤强化地质调绘；⑥建立勘查和设计专业联动机制。

（3）强化总体设计和专业设计协调配合：①强化总体设计单位职责，建立定期会议机制；②明确总体设计人员岗位职责，强调总体统筹专业，专业反馈总体，专业间协调配合。

（4）划分设计界面，制定各阶段设计指导大纲：①合同文件明确各设计单位界面；②制定初步设计、施工图设计指导大纲，统一设计原则、技术标准。

（5）执行三级内审制度：①设计方案项目公司、路桥公司、集团公司三个层级审查把关；②项目公司内部建立专业组与专业设计之间形成联动；③执行清单工作法、问题台账法提高工作效率。

（6）深化线位和方案比选：①工程可行性研究阶段，从规划、生态、地形、地质、规模等方面综合比选路线走廊带；②初期设计阶段多线位、多方案研究比选，推荐合理线位、重要构造物形式及初步规模；③定测阶段就规模、技术经济和实施风险三大要素进行更深入的比选；④施工图阶段，以路、桥、隧专业为主微调优化设计。

（7）采用现场设计、业主与设计单位联合办公模式。

（8）开展专项设计竞赛及专业咨询：①隧道洞门结构竞赛；②边坡动态设计咨询；③景观绿化设计竞赛和咨询；④房建设计竞赛；⑤软基设计咨询；⑥特殊工点或工程采取专项设计模式，如太和洞隧道出口不良地质体治理进行专项勘察、设计、咨询、评审。

（9）项目公司主导开展环境保护、水土保持、便道、安全、用电、弃土场地等专章专项设计，进行"两区三厂"专项规划设计：①施工图设置环境保护、水土保持、安全专章；②施工便道专项规划设计;③用电永临结合专项设计;④弃土场地专项设计;⑤桥下防护、排水永临结合设计;⑥"两区三厂"规划设计,提升项目总体施工组织可行性。

## 6.3 施工图设计阶段

各设计单位充分运用项目公司倡导的价值工程理念,贯彻落实了"安全、环保、舒适、耐久、节约"的设计理念,加强对设计工作的检查和审核,优中选优,精中取精,达到平、纵面线形顺畅,桥梁、隧道、互通式立交桥等细部结构较周全。在项目建设期,设计单位能按照合同要求派驻设计代表进行设计后服务工作,及时完善施工图设计文件中的差、错、漏,配合、指导项目的施工建设。全线在建设期未发生因设计失误造成重大安全质量事故和环境问题,变更设计也在可控范围之内。同时,各设计单位在配合业主推广设计标准化以及大范围优化设计、降低造价方面进行了多次讨论和优化调整。

## 6.4 招标阶段

在招标阶段,以合同形式进行法律约束、明确责任权利,建立品质工程创建清单,并纳入设计与施工合同中,与优质优价奖金挂钩,实时组织考核评比,通过合同手段和考核评比保证品质工程清单落到实处。

招标阶段经过充分讨论,前瞻性编制《工程质量强制性标准》《临建标准化、工艺标准化补充细则》《路面施工质量精细化管理规定》等质量管理规定,并纳入招标文件载入合同,确立法律效力,避免争议和分歧。

根据行业和以往施工管理存在的短板,积极探索招标文件合同条款和评标方法,为后期的项目品质工程建设管理奠定了基础。比如,为了解决机电设备进场品牌多、质量参差不齐的问题,在机电三大系统施工招标文件的评标办法中,创造性地采用了关键设备品牌"盲打"的方式,促使投标人积极承诺使用好的品牌以获得中标的机会,取得了很好的效果,对后续建设项目机电设备招标文件的改进具有积极的意义。

## 6.5 施工准备阶段

### 6.5.1 水土保持

惠清高速公路项目高度重视水土保持工作,工程开工前,编制了水土保持方案并经广东省水利厅批准。工程开工后,根据工程实际与经批准的水土保持方案的差异,公司依照建设项目水土保持相关法律法规,依法办理了水土保持方案变更申请。2020年8月,广东省水利厅以《广东省水利厅准予变更行政许可决定书》(粤水利决字〔2020〕84号)批准了惠清高速公路项目水土保持报告(变更)。

惠清高速公路项目通过招标委托水土保持监测单位定期开展水土保持监测工作,监测报告依照相关规定定期报送广东省水利厅备案。惠清高速公路项目招标委托水土保持咨询单位在工程建设期间进场,从临建设施选址、施工方案、施工水土保持临时措施选用、水土保持永久措施优化和调整、水土保持方案变更等方面开展现场勘察和技术咨询服务,进一步提升了项目水土保持管理工作的深度和效果。

惠清高速公路项目水土保持方案提出的各项水土保持措施已与工程主体同步建成并投入使用。

### 6.5.2 环境保护

惠清高速公路项目高度重视环境保护工作,工程开工前,分别编制了一期工程、二期工程的环境影响报告书并分别经清远市环境保护局、广东省环境保护厅批准。工程开工后,根据工程实际,公司对声环境敏感点声屏障设置进行了增补和完善,对敏感水体设置了桥面径流系统、桥面集中排水系统、应急事故池、污水处理装置等环境保护设施。鉴于惠清高速公路项目在太和洞省级森林公园、太和洞县级自然保护区两个保护地内线位调整的情况,在原批复调整的基础上,依照保护地相关规定和程序,公司向广东省林业局提交了森林公园和自然保护区调整的申请。根据保护地环境保护相关规定,公司依法开展了保护地线位调整环境影响评估论证相关工作,目前各项工作进展顺利。

惠清高速公路项目通过招标委托环境保护监测单位定期开展环境监测工作,监测报告依照相关规定定期报送广东省环境保护厅备案。惠清高速公路项目招标委托环境保护咨询单位在工程建设期间进场,从抑制扬尘、固体废弃物及废水处理、降噪措施优化和调整等方面开展现场勘察和技术咨询服务,进一步提升了项目环境保护管理工作的深度和效果。

惠清高速公路项目环境影响报告书提出的各项环境保护措施已与工程主体同步建成并投入使用。

## 6.6 施工阶段

### 6.6.1 "永临结合"理念的应用

#### 6.6.1.1 方法介绍

"永临结合"是一种工程建设理念,是指将工程建设投产后的永久性工程与施工过程中所使用的临时性工程进行综合考虑、统一建设,变两次投资为一次投资的建设实践活动。公路作为服务国民经济发展的重要基础通道,投资大、建设周期长,主体工程施工往往需要配套大量的临时工程进行作业,临时设施投入多而繁杂,认真分析研究公路工程建设时空次序,合理组织科学有序施工,将永久工程建设结构充分应用于临时工程,实现"永临结合"建设是非常可行和必要的。"永临结合"的思想已经成为行业的共识,也体现在相关的研究和政策中,如国家自然科学基金"公路建设生态影响阈值及其调控方略",交通运输部战略规划政策项目"绿色公路建设成效评估与发展战略""新时期绿色公路建设若干技术政策"和已出版发行的《绿色公路建设技术指南》等。

项目采用"同规划、同设计、同治理、同享用"的四同步原则,应用的"永临结合"技术主要包括施工便道、施工设施、临时用房、电网资源等方面。

1) 施工便道永临结合

便道与已有道路结合:利用当地已有道路作为施工便道,需秉持"不降低原有功能"的原则,对施工重载车辆造成的损坏要及时修复;对当地道路不满足施工要求的,根据工程需要改造现有道路。

便道与地方公路规划结合:结合地方公路网规划和农村公路建设计划,积极与地方政府合作,将施工便道在工程完成后用作地方道路,节约资源的同时促进地方发展。

2) 施工设施用地永临结合

拌和站、预制厂、施工驻地、苗圃等施工临时用地建设在公路主线或取、弃土场范围内。

3) 临时用房永临结合

租用当地学校、村委会、居民房屋等作为施工驻地。

4)电网资源永临结合

施工电网与民用电网合作建设:与地方电力部门合作建设施工电网,施工结束后转为当地民用。

施工电网与设施用电合并建设:与服务区等设施电网合并建设。

#### 6.6.1.2 应用实例

惠清高速公路项目建设按照"统筹规划、合理布局、集约高效"的原则,通过实施永临结合,有效提高土地资源利用率,节约临时用地共计约953619.7$m^2$(约1430.4亩)。

1)施工便道永临结合

各标段公用便道共线达30.92km,将原有地方道路作为施工便道达193.36km,规划用作地方道路的施工便道达64.25km,节约用地326577$m^2$。

以良锦公路项目为例,其道路设计标准如下:

(1)路基工程:路基边坡,对于填方从上向下边坡高度$H$≤8.0m时,采用1:1.5一坡到底的直线边坡;边坡高度$H$>8m时,采用折线形边坡,0<$H$≤8m内采用1:1.5,8m<$H$≤20m内采用1:1.75。对于挖方边坡,从下向上每8m设一平台,碎落台宽0.5m,平台宽1m,向下3%坡度,边坡坡率采用1:0.75~1:1。

(2)路面工程:良锦公路路面结构采用20cm水泥混凝土+20cm石渣基层。

(3)防护工程:路基防护原则为边坡防护动态设计、动态施工,开挖一级、防护一级。

(4)排水工程:路基路面排水,挖方路段统一采用30cm厚的M7.5浆砌片石矩形边沟,底宽40cm,沟深40cm,边沟外设0.5~1m的碎落台,以3%坡度向边沟内倾斜。填方路段排水沟根据现场实际情况动态设计,排水沟尺寸根据汇水量进行调整。

(5)桥梁工程:GK2+951联溪水桥6×12m;GK4+852联溪水支流桥4×12m;GK3+676~GK3+700便桥2×12m;GK10+230.5鸭洞河桥8×12m;GK11+835鸭洞河支流桥3×12m。上部结构采用钢筋混凝土预制空心板下部结构:桥台采用轻型桥台,桥墩采用柱式墩,基础采用扩大基础和桩基础。

锦良森林防火通道自2017年2月开始正式施工,至2017年5月主体工程施工完成,共历时3个多月,如图6-1所示。在施工过程中重点解决了如下问题:①提前与当地政府部门联系,在便道与地方公路相交处按照要求设置相应的安全警示标志和限速标牌、减速带,随后与现有道路相衔接;②执行惠清公司"零开挖"绿色环保理念,便道边坡采用绿色植被进行绿化,防止水土流失,山涧水流交汇点预埋涵管,保证流水通畅;③与当地电力单位联系,规划线路,对红线内现有电线进行改迁;④充分利用良锦公路沿线旅游风光,在风景秀美段设置观景平台等配套设施供来往车辆、游客使用。

图 6-1 良锦公路(原锦良森林防火通道)

经过 3 个多月的施工,贯穿整个施工现场的主便道修建完成,不仅满足了施工需要,也为地方铺筑了一条便民之路。贯穿锦良的整条森林防火通道,根据地方居民聚居生活分布情况,设置 8 道平交口,方便地方居民出行的同时,也能确保应急救援车辆快速抵达人口密集区域进行应对处置。

2)施工设施用地永临结合

全线 13 个预制梁厂和 2 个拌和站通过设置于主线路基上的方式,有效减少占用临时用地约 $257204m^2$。梁厂永临结合如图 6-2 所示。

图 6-2 梁厂永临结合

3)临时用房永临结合

惠清高速公路项目8个施工项目部采用租赁已有建筑的方式进行驻地建设。减少新建临时用地约69373m²。临时用房永临结合如图6-3所示。

图6-3 临时用房永临结合

4)电网资源永临结合

全线共19处施工点采用了用电永临结合(图6-4),达到的主要效果:

(1)电源可靠性。在临时用电自主设计及施工环节,必须尽量确保方案中的供电电源满足永久性供电需求;如遇特殊情况导致电源点仅满足临时供电功能,则需提前考虑后期电源倒接方案。

沿线35kV变电站为南方电网公司既有设施,扩能改造后可满足永久性供电需求;新建35kV变电站建设方案的报审及施工周期较长,若按照常规标准建设将严重影响送电时间,对主体工程产生不利影响。通过方案比选,公司采用简易预装式变电站并结合切实可行的后期电源倒接方案,有效化解了这一矛盾。

图6-4 用电永临结合

（2）标准的统一。在线路施工过程中，考虑到永久用电的安全性和可靠性，应适当提高临时用电线路建设标准。惠清高速公路项目中 10kV 架空线路均采用绝缘导线，电缆采用铜芯型。

（3）供电质量的保障。项目沿线地形复杂、山高林深，全线供电线路近 100km，电源点的选择及分配必须考虑线路损耗导致的末端电压不足情况，确保最优的供电半径。

（4）线路定测。施工过程中要对电力线路的路径、交叉跨越进行优化，尽可能确保线路在满足安全运行的前提下靠近高速公路，便于后期电源的倒接。

采用"永临结合"的办法来解决施工用电问题，由施工单位与当地电力部门联合架设高压变电器和配套的电力线，满足项目施工要求。在项目施工结束之后，对施工单位已架设的电力线进行资源整合，可供运营期永久使用。惠清高速公路项目全线 38 处用电点范围内，20 个点可实现用电永临结合，有效节地 $4333.4m^2$（6.5 亩）。

## 6.6.2　高标准农田区"路堤收坡"的应用

### 6.6.2.1　方法介绍

高标准农田是指在划定的基本农田保护区范围内，建成的集中连片、设施配套、高产稳产、生态良好、抗灾能力强、与现代农业生产和经营方式相适应的基本农田。高标准农田的建设与保护，是保障国家粮食安全、发展现代农业的坚实基础。2012 年 10 月，中华人民共和国国土资源部召开加快推进高标准基本农田示范县建设动员部署视频会议，要求加快建设 500 个高标准基本农田示范县，"十二五"期间，建成不少于 2 亿亩高标准基本农田。随后，国家陆续出台了《全国高标准农田建设总体规划（2021—2030 年）》《关于扎实推进高标准农田建设的意见》（发改农经〔2017〕331 号）等关于高标准农田保护、建设的规划指导意见，提出以确保谷物基本自给、口粮绝对安全和保障重要农产品有效供给为目标，以提升农业综合生产能力为主线，以永久基本农田保护区、粮食主产区和重要农产品生产保护区为重点，建立健全协调推进机制，加强资金整合，加大投入力度，提高建设标准，充实建设内容，加强建后管护，切实抓好高标准农田建设和管理，为保障国家粮食安全、发展现代农业、全面建成小康社会奠定坚实基础。提出以建立健全高标准农田建后管护长效机制为重点任务之一，强化用途管控，及时将建成的高标准农田划分为永久基本农田，实行特殊保护。因此，在高速公路的建设过程中，贯彻落实高标准农田的保护政策，在设计及施工过程中提出一些如何减少高标准农田占用的技术手段极为必要，惠清高速公路项目在设计中采用了路堤收坡设计，有效减少了农田占用。

在山区高速公路建设过程中，受地形地势及环境要求的限制，不可避免需要进行高填方设计。为贯彻绿色公路建设理念，严格保护土地资源，对跨越农耕区的填方路段增设了挡墙，收缩填方坡脚，减少耕地占用。如图 6-5 所示。

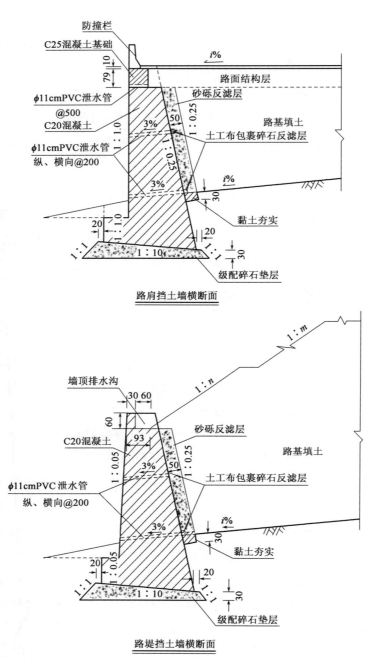

图 6-5 路基挡土墙典型断面示意图(尺寸单位:cm)

#### 6.6.2.2 应用实例

惠清高速公路项目在穿越高标准农田区域,共设置重力式路堤墙12段,变更坡脚设计长度共3115.4m,新增矮挡土墙圬工C20混凝土24636.8m³,减少占用高标准农田约9000m²(13.5亩)。具体情况见表6-1。

高标准农田区路堤收坡数据统计表   表 6-1

| 序号 | 挡土墙起讫桩号 | 挡土墙长度（m） | C20 混凝土挡土墙（m³） | 级配碎石垫层（m³） | 减少占地面积（亩） |
|---|---|---|---|---|---|
| 1 | ZK100+330～ZK100+383.5 | 53.5 | 1854 | 274.2 | 0.722 |
| 2 | ZK100+451～ZK100+545 | 94 | 753.8 | 179.6 | 0.705 |
| 3 | ZK102+439～ZK102+514 | 75 | 5172.5 | 832.3 | 1.237 |
| 4 | K104+571～K104+611 | 40 | 1025.3 | 152.4 | 0.51 |
| 5 | K106+620～K106+788 | 168 | 1262.8 | 205.9 | 2.646 |
| 6 | K118+810～K118+977.9 | 167.9 | 4580.6 | 927.8 | 2.154 |
| 7 | FK0+099～FK0+190 | 91 | 828.1 | 731.1 | 0.819 |
| 8 | K139+619～K139+669 | 50 | 623.8 | 92.3 | 0.675 |
| 9 | AK0+500～AK0+820 | 320 | 896 | 896 | 0.96 |
| 10 | K159+210～K159+489 | 279 | 1003.9 | 357 | 0.4 |
| 11 | K159+210～K159+507 | 297 | 1068.7 | 380 | 0.4 |
| 12 | K159+699～K160+448 | 749 | 2937.1 | 959 | 1.1 |
| 13 | K159+717～K160+448 | 731 | 2630.3 | 936 | 1.1 |
| 合计 |  | 3115.4 | 24636.8 | 6922.6 | 13.5 |

重力式挡土墙指的是依靠墙身自重抵抗土体侧压力的挡土墙，其可用块石、片石、混凝土预制块作为砌体，或采用片石混凝土、混凝土进行整体浇筑；半重力式挡土墙可采用混凝土或少筋混凝土浇筑。重力式挡土墙的优点是就地取材，施工方便，经济效果好。所以，重力式挡土墙在我国铁路、公路、水利、港湾、矿山等工程中得到广泛的应用。由于重力式挡土墙靠自重维持平衡稳定，因此，体积、重量都大，在软弱地基上修建往往受到承载力的限制。如果墙太高，它耗费材料多，也不经济。当地基较好，挡土墙高度不大，本地又有可用石料时，应当首先选用重力式挡土墙。重力式挡土墙一般不配钢筋或只在局部范围内配以少量的钢筋，墙高在 6m 以下，在地层稳定、开挖土石方时不会危及相邻建筑物安全的地段，其经济效益明显。

在设计变更过程中，首先通过试算，选择断面尺寸，然后进行墙顶以上填土土压力的计算、墙身断面（基顶）强度验算、基础底面强度（应力）验算、墙体稳定验算、最终形成设计计算书、墙顶以上填土土压力计算图、墙身断面强度验算图、基础底面强度及稳定验算图。挡土墙在墙后填土土压力作用下，必须具有足够的整体稳定性和结构的强度。设计时应验算挡土墙在荷载作用下，沿基底的滑动稳定性，绕墙趾转动的倾覆稳定性和地基的承载力。当基底下存在软弱土层时，应当验算该土层的滑动稳定性。在地基承载力较小时，应考虑采用工程措施，以保证挡土墙的稳定性。

重力式挡土墙的尺寸随墙型和墙高而变。重力式挡土墙墙面胸坡和墙背的背坡坡率一般选用 1:0.2~1:0.3,仰斜墙背坡度越缓,土压力越小。但为避免施工困难及本身的稳定,墙背坡坡率不小于 1:0.25,墙面尽量与墙背平行。

对于垂直墙,如地面坡度较陡时,墙面坡率可为 1:0.05~1:0.2,对于中、高挡土墙,地形平坦时,墙面坡率可较缓,但不宜缓于 1:0.4。

采用混凝土块和石砌体的挡土墙,墙顶宽不宜小于 0.4m;整体灌注的混凝土挡土墙,墙顶宽不应小于 0.2m;钢筋混凝土挡土墙,墙顶宽不应小于 0.2m。通常顶宽约为 $H/12$,而墙底宽约为 $0.5~0.7H$,$H$ 为墙高,应根据计算最后决定墙底宽。

当墙身高度超过一定限度时,基底压应力往往是控制截面尺寸的重要因素。为了使地基压应力不超过地基承载力,可在墙底加设墙趾台阶。加设墙趾台阶时,对挡土墙抗倾覆稳定也有利。墙趾的高度与宽度比,应按圬工(砌体)的刚性角确定,要求墙趾台阶连线与竖直线之间的夹角 $\theta$,对于石砌圬工不大于 35°,对于混凝土圬工不大于 45°。一般墙趾的宽度不大于墙高的 1/20,也不应小于 0.1m。墙趾高应按刚性角确定,但不宜小于 0.4m。

高标准农田区路堤收坡如图 6-6 所示。

图 6-6 高标准农田区路堤收坡

## 6.6.3 原生苗木移栽利用

### 6.6.3.1 方法介绍

树木移植保护工作是指在高速公路清表过程中,将高速公路红线范围内的有价值的树木移植到培育基地进行培育,待高速公路进行景观绿化施工时再将树木移栽到高速公路路侧、互通式立体交叉区、管理中心等地的一系列移植养护工作。

珍贵树种移植的工作流程:

1)树木移植前期的准备工作

(1)设计阶段:对红线范围内的树木进行实地调查,对有价值的树木进行标识、拍照,并按品种、规格、数量进行登记造册。

(2)招标阶段:依据实地调查的数据进行预算编制。可不分品种,只按不同胸径规格进行分项并纳入土建工程招标清单。

(3)施工前期准备阶段:预算编制时应预留额外的树木保护补偿费用,在移栽开始前完成所需树木的补偿工作,并协调好与当地村民关系。

(4)项目景观绿化设计阶段:在绿化景观设计方案中,根据所移植保护树木的规格、数量,对有移植的同等规格树木应就近优先使用,以节约工程造价。

(5)与土建、清表单位的协调工作:要求清表单位在清表过程中对已标识需进行移植保护的树木应进行相应的保护;由业主、总监办安排相关土建单位配合便道的修建,方便树木的起挖及顺利运出。

2)树木移植过程

(1)前期工作:

实地调查→标记编号→拍照建档→统计品种、规格、数量。

(2)移植过程:

修枝→开挖→断根→吊装、运输→养护培育→移栽。

珍贵数种移植如图6-7所示。

### 6.6.3.2 应用举例

惠清高速公路项目本着绿色生态环保、美观舒适节约的理念,采取了原生苗木移栽利用措施,将高速公路红线范围内有价值的2116棵树木进行了原木。原木移植基地如图6-8所示。

图 6-7 珍贵树种移植

图 6-8 原木移植基地

通过原木移植,既避免了红线范围内有价值树木的浪费,又部分还原了原生态景观,降低了绿化成本,能有效地对沿途红线范围内古老、珍稀、奇特有价值的树木进行保护和利用,能较快地形成原生品种较多的高速公路景观,节约造价约 220 万元,有效节约育苗基地约 8000m² (12 亩)。

### 6.6.4 表土资源保护利用

#### 6.6.4.1 方法介绍

表土集中堆放是一项资源循环利用、低碳节约的有效手段。惠清高速公路项目在合同协议书和施工图纸中明确要求,施工单位在清表时须集中堆放种植土。对沿线可利用的耕地、园地剥离表层土集中堆放于表土堆放场,以便施工后期为中央分隔带、互通式立体交叉区、沿线附属区(集中居住区、管理中心、服务区)、边坡绿化等提供绿化土源。表土堆放场设置示意图如图 6-9 所示,具体保护措施如下。

(1)低丘陵区挖方段:表土剥离厚度 20~30cm,就近堆放,控制在可行的运距范围内。按堆土高 2~3m 计算,估算堆土占地面积,采用编织土袋进行拦挡,用土工布或彩条布临时进行覆盖。

(2)路基填方段:表土剥离厚度 20~30cm,临时堆于填方路基坡脚与征地红线之间的平地。堆高 2~3m,用土工布或彩条布进行覆盖。土堆坡脚用编织土袋进行临时防护。

(3)沿线设施区(服务区、居住区等):表土剥离厚度 20~30cm,就近堆放,控制在可行的运距范围内。堆放放坡坡率控制在 1:1.5 以内,并做好拦挡和临时防护。

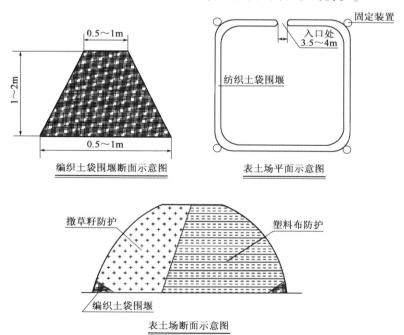

图 6-9 表土堆放场设置示意图

#### 6.6.4.2 应用举例

惠清高速公路项目从前期招标阶段已统筹考虑,根据合同协议书和施工图纸,施工单位在清表时须集中堆放种植土,如图6-10~图6-12所示。实际在全线共计清表约218.4万 $m^3$,清表过程中收集可利用表土744869.65$m^3$,全部用于边坡绿化和隧道弃渣填土再造地的绿化复垦。表土再利用数据见表6-2。

图6-10 耕植土堆放场

图6-11 梁厂后红线外耕植土堆放点　　　　图6-12 梁厂后红线外耕植土堆放点

表土再利用数据表　　　　　表6-2

| 序号 | 利 用 地 点 | 使用数量($m^3$) |
|---|---|---|
| 1 | K57+470~K61+555 全线路堑客土边坡绿化 | 24229.00 |
| 2 | K61+555~K70+150 边坡绿化防护 | 40472.04 |
| 3 | ZK69+380~ZK70+150 边坡防护绿化 | 3480.80 |
| 4 | AK0+108~AK0+910 边坡防护绿化 | 4051.20 |
| 5 | BK0+240~BK0+270 边坡防护绿化 | 182.40 |
| 6 | CK0+040~CK0+160 边坡防护绿化 | 178.40 |
| 7 | DK0+520~DK0+544 边坡防护绿化 | 201.60 |
| 8 | EK0+140~EK0+151 边坡防护绿化 | 2.40 |

续上表

| 序号 | 利 用 地 点 | 使用数量(m³) |
|---|---|---|
| 9 | JK0+010~JK0+089 边坡防护绿化 | 329.60 |
| 10 | LK0+950~LK2+029 边坡防护绿化 | 6700.00 |
| 11 | 房建区绿化 | 1774.40 |
| 12 | QK0+055~QK2+275 边坡防护绿化 | 12644.80 |
| 13 | K77+380~K82+576 段绿化客土 | 14483.20 |
| 14 | A、B、C、D、E 匝道绿化客土 | 11257.30 |
| 15 | 拌和站复耕 | 857.00 |
| 16 | ZK89+720~ZK96+738 边坡植草防护 | 13976.00 |
| 17 | K97+500~K99+180.2 段上、下边坡 | 17765.01 |
| 18 | K99+285~K101+960、C、D 匝道上下边坡 | 22737.33 |
| 19 | 石岭互通区上、下边坡 | 9080.17 |
| 20 | K101+960~K107+320 景观绿化工点 | 100000.00 |
| 21 | K107+320~K111+800 边坡绿化防护 | 64478.00 |
| 22 | K118+180~K124+000 景观绿化工点 | 41200.00 |
| 23 | 三门互通中央分隔带三门集中住宿区 | 62828.00 |
| 24 | K124+000~K130+320 边坡防护绿化 | 38185.60 |
| 25 | K130+320~K150+097.8 边坡防护绿化 | 144069.40 |
| 26 | EK0+000~EK0+460 两侧边坡 | 5000.00 |
| 27 | K154+670~K155+970 边坡客土绿化 | 7429.00 |
| 28 | 桥台锥坡、桥下绿化 | 97277.00 |
| | 合计 | 744869.65 |

## 6.6.5 隧道洞渣全方位综合利用

### 6.6.5.1 方法介绍

惠清高速公路项目作为交通运输部确定的绿色科技示范工程,开展了一系列课题研究工作,"生态敏感区隧道洞渣全方位综合利用技术"研究为其子课题之一,开展了全线隧道弃渣综合利用技术相关研究,解决了相应的工程技术难点,有效节约了土地资源,降低了工程造价,展示了科技成果对交通运输行业生产力的带动与引领作用。统筹给出了公路隧道弃渣综合利用程序及流程,根据惠清高速公路项目隧道的围岩等级、开挖方法、弃渣性质和施工进度,制定了弃渣综合利用工作流程图,确定了隧道弃渣综合利用范围。

本着节约成本,更好保护生态环境的原则,使料尽其用。隧道弃渣作为筑路材料,可在路堤填料、砌筑工程、机制砂加工、碎石加工、隧道衬砌和明洞及仰拱回填混凝土等多个方面进行利用。隧道开挖弃渣利用如图6-13所示。

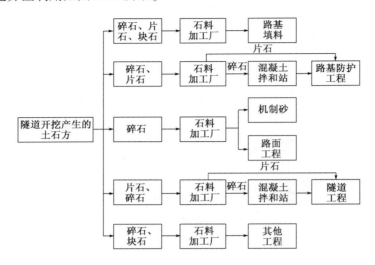

图6-13 隧道开挖弃渣利用图

1) 路基填料技术

对隧道弃渣经初级筛选,将筛选出的隧道弃渣,依据现行《公路路基设计规范》(JTG D30)中填料强度和粒径的相关要求,进行二次破碎,并将处理后的石料进行填筑。

填石路堤采用隧道弃渣填筑,其石料含量大于70%,石料强度大于15MPa,最大粒径不超过30cm。通过压实使各粒料之间的松散接触状态变为紧密咬合状态。由于块石的颗粒较大,石块之间会有棚架、搁空现象,形成孔隙率过大,易造成局部塌陷,因此填石路基的压实应选用低频高幅的大吨位振动压路机,如25~50t的钢轮振动压路机。

铺筑试验路,在对试验段填石路堤工程施工的基础上,提出适用于试验路堤的质量控制体系:①针对地质情况和现场开挖试验,提出相应的填石料开挖工艺方案,确定爆破方法和参数。②判断是否采用大吨位振动压路机,以达到较高的压实度。③基于所采用的施工机械,进行更多种组合进行填筑试验,确定施工工艺和质量控制体系。④按照填筑试验所确定的施工参数确定施工方案,应用所确定的检测标准对填筑质量进行检测检验。填石路基压实合格的判定方法:碾压结束后,在路基表面布设测点,测定其高程,再用50t托式振动压路机碾压2遍后,测定测点高程,同一测点2次高程差值小于5mm。

2) 路基防护工程技术

经过试验检验满足混凝土集料的各种质量和性能要求的弃渣石块,可以用作混凝土各类集料加工及路基边坡骨架防护、弃渣场挡墙等的原材料或半成品。挡土墙墙背2m范围内填筑未筛分碎石,填料最小强度CBR(%)大于8.0,其压实度要求同土质路基。

3）机制砂技术

选择质量好、强度高的隧道弃渣,用于加工机制砂。机制砂应符合现行《建筑用砂》(GB/T 14684)中关于分类和规格的要求。惠清高速公路项目主要推广Ⅱ、Ⅲ类的机制砂。

4）隧道工程

利用隧道弃渣中的片石,加工成碎石后用于隧道明洞和仰拱混凝土填充。筛分后的碎石规格 10~30mm,用于隧道二次衬砌;规格 5~9.5mm,用于普通混凝土级配,具体强度和级配须满足设计要求。

5）其他工程

隧道弃渣中碎石和块石经加工后可用于区域内其他工程。例如服务区、城市工业或经济等开发区基础设施建设,水利河堤防护工程等。

#### 6.6.5.2 应用实例

惠清高速公路项目结合广东地区独有的湿热气候和地质条件,参考前期地质勘测资料结果,确定了 7 座洞渣可综合利用的隧道,在全线规划设立 3 处碎石加工场,并提出合理的隧道石渣加工工艺与质量控制指标,确定水泥稳定石渣基层、石渣垫层和石渣路基的设计方法与施工关键技术。实现了隧道石渣在水泥混凝土和路面结构中"自上而下"的 100% 综合利用。

前期地质勘测资料结果显示,洞渣绝大部分的饱和抗压强度在 100MPa 以下,部分隧道的洞渣抗压强度离散性较大,只能用于低等级混凝土、路面基层等。可利用的隧道共 7 座:南昆山隧道、桥头隧道、赤岭隧道、长山埔 1 号隧道、石榴花隧道、八片山隧道和太和洞隧道。

综合考虑上述 7 座隧道洞渣利用情况,在全线初步规划了 3 处碎石加工场地,分别位于:①南昆山隧道出口与桥头隧道进口之间;②长山埔 1 号隧道进口;③太和洞隧道出口端。考虑到Ⅱ、Ⅲ级围岩可用于碎石加工,上述 3 处加工厂预计可产碎石 639.9 万 $m^3$。隧道洞渣加工处理厂如图 6-14 所示。

图 6-14

图 6-14　隧道洞渣加工处理厂

考虑到前期便道、临时性工程建设时间(2 个月),预计开工 6~10 个月后方可施工至Ⅱ、Ⅲ级围岩,此时土建工程大部分低等级混凝土已经施工完毕,时间上与路基桥涵施工不匹配,因此洞渣碎石全部用于路面工程的垫层、底基层及基层。惠清高速公路项目隧道理论可加工碎石量见表6-3。

惠清高速公路项目隧道理论可加工碎石量　　表6-3

| 序号 | 碎石场布局 | 隧道名称 | 可加工碎石量(万 m³) |
|---|---|---|---|
| 1 | 南昆山出口端~桥头隧道进口端 | 南昆山、桥头 | 232.8 |
| 2 | 长山埔1号隧道进口端 | 赤岭、长山埔1号、石榴花 | 352.1 |
| 3 | 太和洞出口端 | 八片山、太和洞 | 55 |
|  | 合计 |  | 639.9 |

实际应用中,惠清高速公路项目全线隧道洞渣百分百利用,有效减少隧道洞渣堆放场地近 466666.7m²(700亩),节约建设成本2.6亿。隧道洞渣再利用数据见表6-4。

隧道洞渣再利用数据表　　表6-4

| 序号 | 隧道名称 | 开挖量(m³) | | | 利用量(m³) | | | | 利用率(%) |
|---|---|---|---|---|---|---|---|---|---|
| | | 右线 | 左线 | 合计 | 填筑路基 | 填土造地 | 碎石加工 | 合计 | |
| 1 | 大坪隧道 | 90200 | 107587 | 197787 | 34416 | — | 163271 | 197687 | 99.95 |
| 2 | 南昆山隧道 | 560136 | 567376 | 1127512 | 47000 | 385500 | 695012 | 1127512 | 100.00 |
| 3 | 桥头隧道 | 251554 | 257327 | 508881 | — | 168000 | 340881 | 508881 | 100.00 |
| 4 | 赤岭隧道 | 210595 | 235923 | 446518 | — | 4800 | 440542 | 445342 | 99.74 |
| 5 | 长山埔1号隧道 | 143424 | 147196 | 290620 | — | — | 290620 | 290620 | 100.00 |
| 6 | 长山埔2号隧道 | 72233 | 74767 | 147000 | — | — | 138127 | 138127 | 93.96 |
| 7 | 罗村隧道 | 39868 | 43134 | 83003 | — | — | 83003 | 83003 | 100.00 |
| 8 | 石榴花隧道 | 285168 | 267542 | 552710 | — | — | 552710 | 552710 | 100.00 |
| 9 | 大岭隧道 | 67607 | 64736 | 132343 | 39397 | — | 92946 | 132343 | 100.00 |
| 10 | 赤树隧道 | 107620 | 110009 | 217628 | 88254 | 77192 | 52182 | 217628 | 100.00 |

续上表

| 序号 | 隧道名称 | 开挖量（m³） | | | 利用量（m³） | | | | 利用率（%） |
|---|---|---|---|---|---|---|---|---|---|
| | | 右线 | 左线 | 合计 | 填筑路基 | 填土造地 | 碎石加工 | 合计 | |
| 11 | 石岭隧道 | 87805 | 95313 | 183118 | — | 183118 | — | 183118 | 100.00 |
| 12 | 高山顶隧道 | 14922 | 14922 | 29843 | 3909 | 25934 | — | 29843 | 100.00 |
| 13 | 八片山隧道进口端 | 13526 | 25647 | 39173 | 29428 | — | 9475 | 38904 | 99.31 |
| 14 | 太和洞隧道 | 24776 | 37998 | 62774 | 39225 | 2563 | 19484 | 61272 | 97.61 |
| | 合计 | 1969434 | 2049477 | 4018909 | 281628 | 847107 | 2878254 | 4006989 | 99.70 |

## 6.6.6　施工便道和桥下地表生态恢复

高速公路的开工建设,不可避免地会对山区生态环境和自然植被造成不同程度的破坏。建设完成后,施工便道、桥下、边坡处直接裸露的地表严重破坏了当地的自然景观风貌,处置不当还会造成严重的水土流失,甚至是地质灾害。复绿方案设计应遵循森林植被生长的自然规律,根据项目区自然、地理、土壤等实际情况,选择抗性强、易成活的乡土树种,适地适树,确保建设成效的同时,兼顾绿化的经济效益。

### 6.6.6.1　方法介绍

在生态敏感区修建高速公路,采用架设桥梁的方法,可以避免大挖方量、大弃方量、大填方量、大面积边坡稳定处理、景观无法补救等问题。同时,隧道上面的山体以及桥梁下面的通道是动物天然的活动场所,因此,对桥梁下部裸露地表进行全面复绿,在起到防止水土流失作用的同时,还可为当地山区野生动物提供更多的栖息地或迁徙路径。此外,施工便道等临时占用场地,在施工结束后,如果没有其他用途,也应采取生态恢复,以防止生态破坏后产生的一系列恶果。

高速公路工程在建设过程中对山区原有地形地貌的切割会严重扰动土壤结构,对生态造成很大的破坏。这种影响很难通过生态系统的自我修复能力进行恢复,必须要人为干涉,通过人工修复和自然修复有机结合,使得公路沿线的生态系统得以恢复。

目前来说,施工便道和桥下地表的生态恢复一般都是以绿化为主,即植树植草。考虑到破坏后覆土土壤肥力不够,植树植草后很难达到很高的成活率,植物覆盖率会降低,所以要选用乡土植物进行种植,乔木、灌木和草本植物相结合,并进行合理布局,使绿地覆盖面积增加,以便在最少的维护工作量下达到维持生态平衡的效果。

### 6.6.6.2　应用实例

惠清高速公路项目对全线生态敏感区的施工便道及桥下地表及时采取适当的植被恢复措施,实施复绿工作。桥下地表全面复绿如图6-15所示。全线施工便道除开展永临结合用作乡道、县道以外,共计复绿面积99581m², 118处桥下地表共计绿化植草(含撒播、植生袋、喷播)1510551.01m²。共计复绿1610132.01m²。

图 6-15

图 6-15　桥下地表全面复绿

## 6.6.7　公路边坡主动防护与生态恢复

### 6.6.7.1　方法介绍

在高速公路修建时期,由于公路沿线山体和边坡的大量开挖造成了大面积的边坡裸露,破坏边坡植被,使生态环境恶化。在大量的研究中发现,降雨径流系数在不同的地形中有所不同,在林地的降雨径流系数为3.0%,在草地的降雨径流系数为4.0%,裸岩的径流量远大于林地和草地,径流系数为18%。因此,高速公路边坡破坏的结果就是导致生物多样性破坏以及土壤的侵蚀和水土流失。

公路边坡生态修复是指只用植物或用植物搭配土木工程措施以及各种非生命的植物材料,使得公路边坡植被得到恢复、水土流失得到有效的治理、公路环境得到绿化和美化。这种修复方式既能保障道路和行车安全,又能够降低各种公路污染,防止水土流失,是一种稳定公路边坡、边坡修复的最佳途径。

边坡植被的恢复工程,主要是解决部分植被缺失、退化的问题。边坡分为石质边坡和土质边坡。石质边坡一般采用的是有框架梁防护的植生袋绿化,绿化植物一般都选用乡土植物。而土质边坡由于坡面不稳定,一般采用的是拱形护坡的植生袋绿化,或者也可以在拱形护坡内植树植草。有些边坡比较稳定,但原有植物退化,可以采用补种的方式修复。路基附近的裸露地面比较平坦,可以直接在上面覆土,然后进行绿化。需注意的是所种植的植物要与原有的植被生态系统融合,这样才能达到美化景观、提高视觉效果的作用。

边坡植被恢复是利用生物(主要是植物)单独或与其他构筑物配合对边坡进行水土保持和植被恢复的一种综合技术。它包含绿化景观、固土保水、防止浅层滑坡、塌方等生物环境的基本内容。边坡植被恢复技术能达到的效果有以下几个方面:①防止水土流失的发生;②防止岩石的风化和碎裂;③保护边坡的稳定性,避免土体或砂石的滑落;④减小温度和湿度差异;⑤美化环境,视觉效果好。

对于不同的地点和条件,应合理、有效地选择边坡坡面生物防护的方法,使所选择的防护方法既能满足工程技术要求,又能达到经济上合理、有效。因此,修复应以边坡工程防护和植被恢复相结合的方式开展。在本地资源再利用(本地木本植物和土壤)的基础上,针对不同的环境采用不同的修复方案。所谓本地资源再利用是指在开挖施工前,将地表 30~50cm 的表土收集堆积在一起,并将所有的木本植物移植在同一地段,以备后用。这是一项非常重要的生态修复措施,本地表土中含有大量的本地植物的种子和其他繁殖体,可为以后的植被恢复提供足够的土著植物的繁殖体资源。本地的木本植物可为日后的植被恢复提供更多良好的苗木资源。

#### 6.6.7.2 应用实例

惠清高速公路项目在生态敏感区施工过程中,划定"环保绿线",对边坡坡口线外的原生植被应尽可能地保护,并对坡顶进行生态恢复。主要采取了以下做法:

1) 灌注型植生卷材护坡及生态修复技术

K97+875~K97+995 左侧路堑四级边坡采用灌注型植生卷材护坡及生态修复技术,通过在坡面上铺设由特殊材料和方法编制而成且具有一定耐久性的连续型植生卷材,用锚钉固定后,把种子连同特殊有机质的发育基础材料,通过专用注入机械压送注入植生卷材内,从而在边坡表面形成长期稳定的植物生长基础层。

2）喷播植草绿化

惠清高速公路项目一改对开口线外的部分不处理的传统做法，在建设中对全线边坡均采用减少对坡口外植被扰动破坏的形式，并对露土位置采用喷播植草绿化，最大程度减少对植被的砍伐和破坏。

共计复绿边坡 38348.5m$^2$，其中应用灌注型植生卷材护坡及生态修复技术 3519.1m$^2$，喷播植草绿化 34829.4m$^2$。

灌注型植生卷材护坡及生态修复技术如图 6-16 所示，坡口线外保护如图 6-17 所示，边坡生态修复如图 6-18 所示。

图 6-16 灌注型植生卷材护坡及生态修复技术

图 6-17 坡口线外保护

图 6-18

图 6-18　边坡生态修复

## 6.6.8　GRC（玻璃纤维增强混凝土）复合材料隔离栅立柱

### 6.6.8.1　方法介绍

项目原设计混凝土立柱总重量 82kg，混凝土立柱自重较大，预制周期长，对进度有较大影响。场地要求较高，容易对周边环境造成污染，强度提升慢，运输过程破损率大，外观较差、安装不便，且惠清高速公路项目边坡级数多，工人搬运存在很大的安全隐患，而且使用一定年限后，容易碳化剥落。根据现场实际情况将立柱改为 GRC 复合立柱。其具有如下优点：

（1）从环保角度：GRC 复合立柱制作无污染，对场地要求不高，易于加工、脱模。

（2）从经济角度：GRC 复合立柱结构简单，重量轻，能较好地保存运输，于现场施工安装埋设，减小劳动强度，节约人工，加快施工进度。

（3）从实用性角度：GRC 复合立柱便于组装，拆卸方便，一旦有损坏，维修也很方便，其具有很好的抗氧化性，不易腐蚀、防虫蛀，表面的专用涂层色彩亮丽、附着力强、不腐蚀，同时有抗紫外线的作用，外观和质量均有保证，且已通过原交通部工程检测中心的检测，检测数据表明，GRC 复合立柱隔离栅经 25 次冻融试验后，其抗折强度不仅未降反而提高了 8%，说明其具有极好的耐候性。

（4）从防盗角度：GRC 复合材料立柱外层为塑料管，金属管与塑料管之间填充有聚酯泡沫塑料层，且无再利用价值，可防止偷盗。

（5）从美观角度：GRC 复合材料立柱表面的专用涂层色彩亮丽，可根据实际情况选择多种色彩，同时有抗紫外线的特点，便于美化沿线景观，提升公路档次。

### 6.6.8.2　应用实例

全线全部采用 GRC 复合材料立柱，如图 6-19 所示。

图 6-19　GRC 复合材料立柱

## 6.6.9　服务区污水资源化利用

### 6.6.9.1　方法介绍

高速公路服务区一般远离城市,产生的污水无法就近排放到市政污水处理系统,如果不经处理直接排放,会对周围环境产生不利的影响。另一方面,服务区还消耗大量的生活用水、洗车用水、浇灌绿化用水、消防用水等,除生活用水水质指标要求严格,只能采用市政供水或自备水源外,其他用水均可经处理达到相应标准后进行循环利用。

在服务区建设以曝气生物流化床+人工湿地+消毒为核心工艺的污水处理及回用系统,处理服务区产生的生活污水和洗车废水。在曝气生物流化床中通过微生物固定化及载体流化技术,实现有机物降解和氨氮总氮去除功能,在人工湿地中经过微生物、基质和植物的协同作用能够实现有机物、磷和悬浮物的深度脱出,从而保证区域内污水全部处理,不向周边水体排放高 COD(化学需氧量)废水、氮磷等污染物,处理后出水可回用作冲厕、绿化及洗车等,实现集约利用区域内宝贵的水资源。

1)曝气生物流化床

曝气生物流化床工艺(ABFT),是应用微生物细胞与载体自固定化技术的好氧生物反应器,固定化微生物后的载体平均密度与水的密度十分接近,载体在水中呈悬浮状。与固定床相比,该流化床具有比表面积大、接触均匀、传质速度快、压损低等突出的特点,还具有在高负荷进水下出水水质稳定的优点,污染物去除量及去除率均随进水浓度的提高而增加,曝气生物流化池适应处理高浓度废水的能力,尤其在脱氮方面有其独特的优势。采用曝气生物流化池工艺可使装置容积大大减少,从而减少土地占用面积,降低工程造价。

采用生物-生态法达到去除污染物净化水质的目的,通过采用新型曝气生物流化床工艺(ABFT),对水中有机物进行生物降解处理,无二次污染,实现污染物减量化。服务区污水经水泵打入ABFT水池,曝气生物流化池反应器中投加高效微生物载体,使高效微生物大量附着并固定于载体上,微生物与载体结合牢固,不易脱落,不易流失,高负载的生物量保证了曝气生物流化池反应器去除污染物的高效和稳定。运行过程中载体内部存在着良好的厌氧区微环境,使其内部形成无数个微型的生化、反硝化反应器,故而可在同一个反应器当中同时发生氧化、硝化和反硝化联合作用,有力地保证了氨氮的高效去除,有效保证了有机物类等污染物去除,废水基本达到国家地表水环境质量Ⅳ类标准的相关排放限值,出水进入沉淀池,经沉淀后,上清液经管道流入人工湿地内。

2)人工湿地

在工程实践中,通常按水流方式将人工湿地分为表面流型人工湿地、水平潜流型人工湿地和垂直流型人工湿地。

表面流型人工湿地:污水在湿地内呈推流式前进,出水由溢流堰流出,水面始终位于湿地填料表面以上,水深为0.3~0.5m。

水平潜流型人工湿地:水流进入湿地后,在根系层中沿水平方向缓慢流动,出口处穿孔管集水后溢流出水。

垂直流型人工湿地:分两种形式,一种是上部进水,单向下行流,湿地底部出水;另一种是通过中部隔断装置,实现上部进水,强制水流先下后上,上部出水。

人工湿地技术的优势在于:①可实现无动力、无新投物料运行,运行过程中人为介入较少,最大程度上降低了运行成本和技术复杂性;②人工湿地可充分利用农村的地形特点,因地制宜建设,也可利用农村已有的水塘、涝池等实施改造,简单易行,同时自身具有一定的景观效果;③体现了生态治水理念,采用人工湿地治理源头(生活点源和农业面源)、支流、主流湿地回归的系统工程,可共同构建农村水污染防治综合体系,最终还河流于自然。

3)污水消毒

对经人工湿地处理后的出水进行消毒,是为了出水水质达到现行《城镇污水处理厂污染物排放标准》(GB 18918)的要求和中水回用的要求。目前,消毒技术主要包括物理消毒和化学消毒两种类型,其中化学消毒主要有氯气、次氯酸钠、漂白粉、二氧化氯、过氧化氢、臭氧等方式,物理消毒主要包含紫外线和超声波等。其他消毒技术还包括生物消毒、光催化消毒和电场消毒等。

对于污水处理消毒方法的选择,主要考虑:一是要考虑工艺的适宜性。即消毒方法要符合新建或提标项目的出水水质要求。如在城市中心建污水处理厂因受到场地面积限制,在工艺选型时就要考虑采用接触消毒池的可行性。二是要考虑生产运输的安全性。包括生产、运输和使用的安全,是否会产生二次污染等。液氯运输和使用的审批程序严格,且一旦发生液氯泄漏,会产生巨大的社会影响,应慎重考虑。三是要考虑消毒方法的经济性。要以最小的投入达到最好的效果,要对消毒方法进行固定资产投资和运行使用费用的综合分析,结合各地资源配置的实际进行选择。

#### 6.6.9.2 应用实例

惠清高速公路项目在清远服务区设置污水处理设备 1 套、人工湿地污水生态处理系统 1 套,年处理污水量 14.016 万 t,服务区所有污水经过处理后达到一级 A 排放标准,进一步可回用于区内绿化浇灌等。废水采用曝气生物流化床 + 人工湿地 + 消毒为核心工艺的污水处理及回用系统,处理后达到现行《城市污水再生利用城市杂用水水质》(GB/T 18920)的要求,同时满足现行《污水综合排放标准》(GB 8978)中一级排放标准后,优先用于服务区绿化等,多余出水外排环境。污水处理系统如图 6-20 所示。

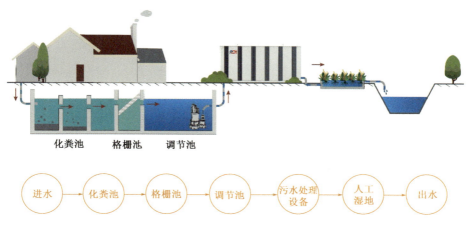

图 6-20 污水处理系统

汕湛高速公路惠清项目在岩质边坡工程中采用主动防护网方案,作为柔性高、强度高、施工高效的环保型边坡防护形式,主动防护网(图 6-21)用钢丝绳网、钢丝格栅、锚杆组成的柔性网面包裹或覆盖在岩石边坡上,以限制边坡坡面岩石风化剥落或崩塌,起到围护、加固、防护作用。施工过程中避免边坡坡面的大规模开挖,最大限度地保留原始地形地貌和原有植被生长条件,便于人工绿化施工,利于环保,边坡底部种植爬藤类植物,起到恢复绿化、美化效果。同时,施工材料运输便捷,施工简单,工期较短,节约建设期间运输及人工成本。

图 6-21 主动防护网

## 6.6.10 环境保护、水土保持管理

### 6.6.10.1 惠清高速公路项目的环境保护、水土保持工作理念

惠清高速公路项目贯彻执行"预防为主、保护优先、全面规划、综合治理、创新管理、技术引领"的水土保持方针,坚持落实"四三二"管理体系,即"四全面""三同时""两不"(不留后患、不留尾巴),贯彻执行"最大程度保护,最小程度破坏,最强力度恢复"的环境保护理念,落实各项保护措施,切实做好环境保护、水土流失防治工作。

### 6.6.10.2 环境保护、水土保持主要创新点

主要创新点包括:①施工图设置环境保护、水土保持专章,环境保护、水土保持制度列入合同;②落实"四全面""三同时""两不"(不留后患、不留尾巴)的环境保护、水土保持体系建设。

### 6.6.10.3 环境保护、水土保持工作总体思路

1)机构组织和人员保障

组织机构:惠清公司、各总监办及各施工单位项目部,均设置相关职能部门和专业人员负责环境保护、水土保持工作。

2)强化专项宣贯和交底

加强环境保护与水土保持等有关法律法规的宣贯和施工方案环境保护、水土保持技术交底。

3)制度建设

编制了施工交底制度、适时规范引导制度、月度综合检查制度、环境保护与水土保持约谈

制度、应急协调机制等管理制度。

4）资金配套

施工合同100章单列约5‰合同额的环境保护、水土保持措施费用，并结合工程实际制定专项考核办法以保障施工期间环境保护、水土保持措施的资金投入；在技术方面和变更管理方面，通过桥下排水及复绿、"三改"（改路、改沟、改河）工程、临水防护、弃土场专项设计、声屏障、应急事故池等专项设计或变更加强环境保护、水土保持工作。

5）环境保护、水土保持管理措施

（1）采取"四法工作法"提升执行力。

（2）与行政主管部门联动形成合力，对各个合同段施工过程进行全面跟踪检查，及时发现及时整改。

（3）引入专业监测单位对项目进行环境保护、水土保持监测。

（4）施工过程中提前引入专业水土保持验收和环境保护验收咨询单位，依法依规开展验收相关工作，避免触碰相关红线。

（5）施工合同处罚条款中明确处罚标准，水土保持、环境保护文明施工列为合同奖罚内容之一。

6）环境保护、水土保持工作采取的技术措施

（1）边坡动态设计，高标准、高质量、高效率完成防护施工，减少边坡塌方和水土流失。

（2）施工现场临建工程修建从环境保护、水土保持角度明确标准。

## 6.6.11 价值工程理念应用

为确保造价控制目标的实现，项目公司从严把控优化设计、招标控制价、工程变更、材料价差调整、合同支付风险、动态造价台账六个重点环节，步步为营、环环相扣，有效控制和降低工程造价，具体做法如下：

1）造价控制第一环节——严把优化设计关

降低造价从源头抓起，严把优化设计关。项目公司集公司技术骨干全程参与并督促优化设计，研究并提出路线平纵面设计方案及结构物布设方案的优化调整建议，大幅降低工程规模，路线总长度缩短约1km，桥梁隧道工程减少约18km。

2）造价控制第二环节——合理控制招标价

（1）对工程量清单全过程跟踪审查。在设计阶段即派驻工程技术和合约管理人员到设计单位进行跟踪督导，并在各层级审核中跟踪协调图纸和工程量清单的修订工作，力争减少图纸

和清单的差错漏。

（2）招标控制价多层次分级审核。招标控制价预算由设计单位编制，经项目公司审查，省路桥公司审核，省造价站最终审定，经过多层次审查确保了控制价的准确性。项目公司严格按照省路桥公司定期发布的单价指引编制预计中标价，为确定招标控制价及招标下浮率提供了充分依据。

（3）对招标不平衡报价进行调整。项目公司在土建施工招标文件中明确超过合理范围的不平衡报价，在投标总价不变的前提下双方进行了调整，减少了不平衡报价对后期现场施工、变更管理的影响，确保了最终签订合同清单单价的合理性。

3）造价控制第三环节——严格控制工程变更

将变更方案与招标文件中的技术规范细则相结合，由工程技术部门负责具体工程变更方案的比选与审定，从源头把控方案的经济合理性；变更工程数量则由项目公司成立测量组独立复核，并以业主、监理和施工单位三方现场联测和确认的数据为准，实现了对工程变更数量的准确控制；由计划合约部门严格按照合同条款约定的作价原则对新增单价进行交叉审核、洽谈、逐级审批，实现对工程变更单价的有效管理。

4）造价控制第四环节——及时调整材料价差

鉴于手工计算材料价差调整耗时费力且容易出错的缺点，惠清高速公路项目借助HCS公路项目建设管理系统平台设置了专门的模块，通过系统申报、审核等管理方式，高效、准确地对甲控材料价差调整、合同内和合同外地方材料价差调整进行确认。

5）造价控制第五环节——严格控制合同支付风险

首先，定期测算各合同标段预估结算金额，划定支付控制风险额度，既可以对各项费用进行动态梳理，也是防止重计、超支付的重要手段。其次，制订合同变更管理制度，规范合同金额变更审批，能够实时有效控制合同支付。最后，利用HCS公路项目建设管理系统平台增加对材料超领、材料结算、缓扣材料款等情况设置实时查询功能，有效控制了材料超领和材料款扣回不及时的风险，同时也做到信息共享，让参建各方共同监督。

6）造价控制第六环节——建立动态造价台账

严格按照《广东省公路工程造价文件编制办法（试行）》（粤交基函〔2003〕212号）的要求建立造价台账，台账体系设置符合要求，能动态反映项目造价管理情况，台账数据及时性、完整性和可追溯性较好。同时按照广东省路桥建设发展有限公司要求，经常对项目预估结算总造价进行测算，提出控制造价的有力措施，确保项目总造价控制在批复概算范围内。

## 6.6.12 建设管理信息化

惠清高速公路项目倾力打造建设管理一体化系统,大幅提高效率,降低建设运营成本,这种减员增效的措施也是一种绿色公路的具体体现。

建设管理一体化系统,就是要通过统一顶层设计和一体化规划建设,全面集成各类业务系统,打造涵盖集团、二级业主到建设路段的层级化建设管理平台,实现信息资源整合、图形化数据汇总展现和审批流程的上下贯通,并通过数据挖掘和融合处理技术,构建高速公路建设管理模型,为建设管理提供数据分析和决策参考。该系统贯穿高速公路建设管理的全过程,通过建设统一数据类型和系统服务接口,可实现与运营期管理系统的无缝对接,实现项目管理要求的"一个中心,两套平台"管理思路,解决项目实际建设过程中存在的问题,打通惠清高速公路项目多个业务系统之间的业务和数据关联,打破信息孤岛壁垒,实现信息系统与实际经营和管理工作的深度融合。该系统可实现"系统应用一体化、施工现场智能化、数据呈现指标化、项目管理云端化"的全新模式,并为广东省交通集团未来交通大数据中的"建设大数据"及"养护大数据"提供基础数据,为集团高速公路"建管养"一体化目标的实现提供支撑。

## 6.6.13 双优竞赛

惠清公司联合总监办、中心试验室成立项目内的双优竞赛组织机构,按重奖先进、及时表彰和客观奖励的原则,事先印发奖励标准,以全断面检测客观数据和外观质量为依据,客观公正进行评比和确定奖励金额。

惠清高速公路项目创新了双优竞赛奖励办法,将临时建筑设施部分(0.3%)奖励按拌和站、预制梁厂、小构件预制厂、隧道洞口临时建筑、便道便桥、钢筋加工厂等项目进行了分解和细化,并补充完善了评比标准,增加临时建筑标杆评比,有效提升了项目临时建筑设施总体水平。

惠清高速公路项目结合首件管理,积极开展标杆评比并及时组织召开现场观摩会和工艺交流研讨会,将工班组、工人、现场一线管理人员纳入奖励范围,有效激发了一线工人、管理人员创建品质工程的热情和动力。

为进一步促进安全生产标准化落地执行,增设了安全生产质量标杆,鼓励承包人规范投入,安全生产,以安全保质量。

惠清高速公路项目在筹建期间即明确了档案管理争创金策奖的管理目标,为此,在双优竞赛中设置质检资料专项评比,并按月组织检查评比,激发了各参建单位档案从业人员的工作热情和积极性,取得了良好效果。

为实现以设备保工艺、以工艺保质量、以材料保品质的管理目标,惠清高速公路项目设置了工艺设备专项奖励,鼓励承包人投入先进设备和优质材料,鼓励承包人进行工艺创新。

结合项目工程进度和质量管理的薄弱环节,针对性地组织开展灵活多样的质量活动,编制专项活动方案并提前印发奖励和评比办法,如"五赛五比""质量年""首件月""惠清精度""桥隧工程百日攻坚""隧道专项""微创新比武"等,有效弥补了质量管理的不足和短板。

在开展双优竞赛的同时,惠清高速公路项目也强化了不合格工程处罚的力度,通过返工+反面现场会,扣回已获得双优竞赛奖金等方式,进一步增加了质量处罚手段的警示、提醒、震慑效果。

惠清高速公路项目累计奖励工人、工班组2200余人次,专项奖金发放总额为7385287元、其中奖励一线工人的奖金为1067780元;奖励首创性微创新30多项,并鼓励引入了360余台(套)先进机械设备,奖金为6317500元。

# 第 7 章
# 惠清高速公路项目绿色建筑取得的成效

## 7.1 绿色发展在公路建设中的生动体现

作为"绿色发展"理念在公路建设行业的具体体现,绿色公路首先应全面、准确地贯彻"生态文明"战略的核心思想,惠清高速公路项目绿色公路建设以此作为首要目标,具体表现在以下两个方面。

1)绿色贯穿项目全寿命周期

惠清高速公路项目绿色公路建设涵盖了全寿命周期的建设与发展,任何一个环节出现严重生态景观破坏、环境污染或资源能源浪费,都不能称之为绿色公路。概括地讲,公路全寿命周期可分为建设前、建设期、运营期三个阶段,显然,公路建设和运营两阶段集中了公路运输系统绝大部分能量和物质流动行为,以此为核心的公路交通运输系统在边界区内部实现最大限度的资源节约、环境友好、生态良性循环,是其生态示范的重要表现。

惠清高速公路项目以"项目策划时倒序思考、实施内容展开时正序优化,分两阶段工作体系"的总体思路,即按"运营期→建设期→准备期"策划绿色公路创建内容。在绿色运营目标的基础上,增加绿色施工过程控制要求,通过规划设计和全程管理配合建设过程,将目标需求和过程控制具体化,融入准备期的规划设计中,形成"运营中提需求、建设中加要求、设计中抓细节、规划中把方向"的无缝体系,项目策划阶段即融入绿色发展目标、项目立项之时已带绿色公路印记,使绿色贯穿项目全寿命周期。

2)涵盖主要的绿色领域

《"十三五"现代综合交通运输体系发展规划》从节能低碳、生态保护和污染防治、资源集约节约利用3个方面诠释了交通运输绿色发展的内涵,从交通节能减排工程、交通装备绿色化工程、交通资源节约工程、交通生态环保工程4个方面明确了交通运输绿色化发展的重点领域。统筹上述宏观要求和惠清高速公路项目建设面临的实际环境问题，惠清高速公路项目在节能减排、生产设备绿色化、资源节约集约利用、生态环保和污染防治等方面均采取了有效措施，尽量做到与自然环境的和谐统一，实现：

（1）节能折合标准煤用量约1112627.33t；

（2）"两区三厂"选址废旧厂房、学校、闲置场地、主线路基，节约用地953619.7$m^2$（约1430亩）；

（3）隧道洞渣100%利用，节约建设成本2.6亿元，减少临时用地占用，并从本质上避免弃渣地质灾害的发生；

（4）移栽珍贵原木2116株，节约造价220万元；

（5）收集可利用表土744869.65$m^3$，用于绿化美化、生态恢复、土地改造；

（6）为恢复边坡、桥下地表、临时用地生态，共计植草1648617.5$m^2$（约2473亩）。

## 7.2 在广东省乃至全国切实发挥示范作用

绿色公路不完全等同于生态公路、景观公路等既有工程，它是在生态文明理念的指导下全面体现绿色发展理念、更为全面系统的示范工程，代表着公路交通的发展方向。在新形势下，惠清高速公路项目启动绿色公路建设，通过全寿命周期绿色策划和具体实践，有针对性地进行科技攻关、现有科技成果消化吸收再创新及成熟技术的推广应用和创新管理，成功打造了"生态敏感山区绿色建设科技示范工程""绿色公路典型示范工程""品质工程"，在广东省甚至全国范围内树立了标杆，起到了典型示范作用。其具体体现如下。

1）将人工建设合理融入自然

贯彻"最小的破坏就是最大的保护、循环利用就是最大的节约、自然合一就是最大的协调、以人为本就是最大的和谐"等生态文明理念，尽量避免高填深挖，最大限度减少对地形地貌的破坏。充分利用已有道路、无耕地或林地的范围进行场站布设，有效降低对周围环境的污染和对植被的破坏。施工中尽可能利用已有资源和设施，改变传统施工观念，利用新科技带动生产、促进安全和环保，充分体现"绿色"含义。

2）环境污染最小，环境风险最低

通过惠清绿色公路建设，针对大桥桥面径流处理、隧道弃渣综合利用、隧道智能通风与大气污染防治、绿色路基修筑、绿色路面技术应用、清洁能源综合利用、生态型服务区、生态型声屏障等重点项目进行研究，在工程建设中力争达到边坡"零裸露"、隧道"零弃方"、污水"零排放"、洞口"零开挖"等目标,管理中贯彻"高质量等于低消耗"的理念,强力推进低污染低风险建设。

3) 以路为载体凸显文化特色

充分挖掘惠清高速公路项目沿线的自然山水、历史文化、民俗文化、旅游文化等深厚的文化底蕴,凸显生态文化主题,打造独具特色的景观公路。充分利用沿线边坡、服务区、临时用地等融入当地各种文化元素,赋予公路文化色彩和美学价值,由"人、车、路、景"构成和谐画面,构筑一条"畅通、安全、舒适、美观"的生态景观高速公路。

## 7.3 管理创新与标准化彰显绿色效益

在惠清高速公路项目建设过程中,各参建单位从管理层到实施层共同努力,创建绿色公路典型示范工程,圆满完成了计划实施目标,围绕"科技引领、创新管理、绿色建筑、铸造精品"十六字方针,在多个方面取得了重大成果。实现了"最小限度破坏、最大程度保护、最强力度恢复"的环保理念,树立了在广东省乃至全国范围内绿色公路建设的典型示范。

1) 节能减排直接效益巨大

惠清高速公路项目创建绿色公路项目实际完成节能折合标准煤用量1112627.33t,产生的节能减排直接效益巨大,在取得显著环保效益的同时,节约了公路建设投资成本。

2) 生态环境保护效果显著

惠清高速公路项目创建绿色公路项目生态环保效果显著,集中表现在对土地、碳汇、水源、噪声四大环保要素的保护与集约循环利用上:隧道弃渣利用和表土收集循环利用,可以变废为宝,节约土地资源,减少水土流失;植被恢复与绿化工程,可实现优化景观与碳汇环保双重效益;施工用水循环利用与桥面径流、生活污水处理利用,可节约水资源,保护水环境;防止噪声污染,可实现公路交通与人居和谐。

3) 科技创新水平提升显著

绿色建造技术取得了重大突破,"岭南山区公路隧道高品质建设运营关键技术"、隧道"设计—施工—运营"全寿命周期攻关隧道绿色建造技术、"钢-UHPC装配式轻型组合梁桥设计施工关键技术""生态环保型沥青混合料-TSEM"等一批新材料、新型组合结构技术在惠清高速公路项目进行重点攻关研究并成功示范应用。"基于无人机视觉的高速公路建设管控技术研究与示范"填补了无人机在行业中的应用空白,实现了全过程绿色建造,彰显了绿色效益,保障了工程安全与耐久。

4）统筹地方发展意义重大

惠清高速公路项目地处南昆山风景区腹地，有"中国温泉之都"之美称，且素有"北回归线上的明珠"和"珠三角后花园"之誉。境内有100多个湖泊水库，12万公顷青山，森林覆盖率为67.2%；有旅游景区近20处，包括流溪河国家森林公园、石门国家森林公园、流溪温泉旅游度假区和抽水蓄能电厂旅游区等4个广州重点生态旅游区，以及世界上最高的北回归线标志塔等一批文化景观。同时其作为横跨珠三角的汕湛高速公路最后通车路段，彻底打通了珠三角交通大动脉，为大湾区统筹地方经济发展按下了"快进键"。

5）服务水平提升社会认可

惠清高速公路项目搭建了"建管养一体化平台"，以北斗高精度定位为核心的车路协同等一批智慧建造技术的攻关研发和成功应用，全面展示了智慧创新与服务提升的内涵，得到了行业及社会的广泛认可。

## 7.3.1 绿色公路建设管理与制度创新

惠清高速公路项目首次系统化、体系化地编制了汕（头）湛（江）高速公路惠州至清远段项目质量管理策划、汕（头）湛（江）高速公路惠州至清远段项目安全生产管理策划等11个管理方案，推行"全员、全过程、全覆盖、全天候"的全面质量管理（TQM）、全面安全管理（TSM）理念。

在施工阶段，惠清高速公路项目安全生产贯彻执行"四法三化二先一全面"的工作体系，切实打造安全生产样板工程。

（1）"四法"即坚持清单工作法、一线工作法、问题整改台账法和挂牌督办法的四步工作法，进一步强化人员履责意识，切实打造项目本质安全。

（2）"三化"即推行"两区三厂"建设安全标准化、施工现场安全防护标准化及安全生产管理标准化。2017年，项目还承担了广东省交通运输厅委托的安全防护标准化指南编制任务，形成可复制、可推广、适用于高速公路工程施工的安全防护设施技术标准指南成果，部分安全防护设施试制品在项目先行先试，现场安全行为得到有效提升。

（3）"两先"即在行业内率先实施安全生产管理策划及安全生产专章。惠清高速公路项目在筹建阶段编制安全生产策划，通过组织、合同、经济、技术和管理措施，统筹规划项目参建各方全过程的安全生产管理；在施工图阶段创新设计文件，设置安全生产专章，进一步规范项目施工安全生产标准化，使施工现场安全生产工作更加规范、施工场地更加有序、管理流程更加合理、安全防护更加到位。

（4）"一全面"即全面安全管理（TSM）理念，是指有别于以往的事故型管理模式、缺陷型管理模式及风险型管理模式，以新颁布的《中华人民共和国安全生产法》等法律法规、规章制度为准绳，以项目安全生产管理策划方案为指导原则，以创建交通运输部"平安工程"示范项目为目标，对项目安全生产进行全员、全过程、全覆盖和全天候的管理，获得了2017年广东省"平安工地"示范项目第一名。

## 7.3.2 绿色公路科技攻关与标准化

惠清高速公路项目开展科技攻关14项，取得各类管理及技术创新成果奖5项。"基于无人机技术的高速公路建设信息化管理"成果荣获第二十八届广东省企业管理现代化创新成果一等奖。"惠清高速公路项目建设管理一体化系统研发与应用"成果荣获第二十九届广东省企业管理现代化创新成果一等奖。"惠清高速公路项目智慧建设管理一体化系统研发与应用"成果荣获广东省智能交通优秀项目案例奖。"生态敏感区'绿色'隧道成套施工技术"成果荣获中国公路建设行业协会科学技术奖一等奖。"岭南山区公路隧道高品质建设与运营关键技术"成果得到了李术才院士、全国勘察设计大师蒋树屏等国内一批知名隧道专家的高度肯定，部分成果达到了"国际领先"。在中国公路学会"微创新"大赛中，惠清高速公路项目取得1金6银4铜的好成绩。

惠清高速公路项目已形成专利百余项、发表论文200余篇；已出版专著《微创新助力品质工程建设——广东惠清高速公路项目实践案例》《"两区三厂"建设安全标准化指南》《公路工程施工安全防护设施技术指南》《公路建设水环境：安全保障关键技术研究与实践》。

## 7.3.3 绿色公路标准化

广东惠清高速公路有限公司在参与交通运输部相关指南的编写工作中获得交通运输部表扬，依托惠清高速公路项目召开的第二届品质大会获得行业一致认可，收到了中国公路学会特给广东省交通运输厅发来的表扬信。

目前已形成标准有：交通运输部《绿色公路建设指南》、交通运输部《"两区三厂"建设安全标准化指南》、广东省交通运输厅《公路工程施工安全防护设施技术指南》《麻埔停车区跨线桥钢-UHPC轻型组合梁专月技术规程》等10余项，如图7-1所示。

图 7-1　相关成果

## 7.4　引领绿色公路实践，展现隽美画卷

高速公路发展不同阶段的绿色建设内容有所差异。公路建设前期工作的充分程度直接关系着道路建设的资源环境制约程度，因此应开展科学选线、绿色规划设计；公路建设期生态干扰严重、景观破坏显著，其生态文明示范应以生态保护与修复、资源节约集约使用等为主；运营期车辆是重点关注对象，节能减排、绿色服务区是生态文明示范的重要内容。

## 7.4.1 前期——绿色规划

前期规划效果如图 7-2 所示。

图 7-2 前期规划效果图

### 7.4.2 中期——绿色建设

中期建设过程如图 7-3 所示。

图 7-3　中期建设图

### 7.4.3 后期——绿色运营

后期建成效果如图 7-4 所示。

图　7-4

图 7-4 后期建成效果图